地域の社会と経済を学ぶ

吉野 馨子・高梨子 文恵　編著

筑波書房

はしがき

　本書は、地域社会と地域経済について学ぶ入門書である。

　「地域」とはなんだろうか。さまざまな定義があるが、本書では、「地形、地質、気候、植生などの自然条件によって空間的まとまりとして区画され、その周辺の土地空間とは異なる何らかの等質性のある特徴をもつと識別される区域」としよう。この「地域」には人々が関係性を築きながらくらしており、「地域社会」を形成している。そしてその人々は、さまざまな資源を用いて経済活動を行い、暮らしを成り立たせている。

　「地域」には都市的な地域も農山漁村もあるが、本書では、主に農山漁村やその周辺の地方都市を念頭に置いている。農山漁村では、私たちの日々の食料を始めとしたさまざまな一次産品が産出され、それらは私たちを養ってくれている。農林産物の生産の段階で、農山漁村の人々により里山や田畑などの景観が形成され保全され、そこでは多様な生物が育まれてきた。また農山漁村には、生活と密着した形で、長い年月培われてきた祭礼などでのゆたかな文化がある。このように農山漁村は、有形無形の実にさまざまなものを生み出してきた地域なのである。農山漁村は、日本の「地域社会」の成り立ちの基層をなすものを色濃く引き継いでいる。現代の、そしてこれからの日本社会を考える時に、農山漁村の地域社会を知ることは重要である。

　都市にくらしていると、地域社会を感じる機会はかなり限定的となる。まったく関わりを持たなくても生活には困らないようさえ思える。しかし、私たちは空を飛べるわけでもなく、結局は「地べた」に張り付いて暮らしており、逃れようがない。日々はほとんど感じない「地域社会」が災害の時には大きく前面に出てくることは、これまでも経験されてきたことである。その意味からも、私たちは「地域」というものを意識して築かれてきた生活のあり方を知っておかねばならない。

　このようにさまざまなものを生み出し提供してくれてきた農山漁村は、

年々活力を失っている。日本自体が人口減少の局面に入ってきてはいるが、農山漁村ではもっと前から地域の産業の担い手の減少、居住者の減少、各種サービスの減少に直面してきた。この傾向は、海外においても共通している。

　私たちの生命を支える食を提供し、自然環境を保全し、文化を培ってきた農山漁村のこれまで、現在、そしてこれからについて、本書では読者と共に考えていきたいと思う。

　本書は13章構成で、日本とアジアを対象とした農山漁村地域の社会と経済を広く捉えることを目的にしている。

　第1〜第3章では、日本の農山漁村を対象に、その基本的な社会構造と現在のあり様を捉える。第1章では、農山漁村の空間的広がりと「地域」を構成する様々な主体について検討している。第2章は、地域の人々が共同で所有し利用管理する共有資源である「コモンズ」について、どのように利用・管理されてきてきたのかを、日本とバングラデシュの例から考える。第3章では、都市化、近代化、グローバル化で拡大する食と農の乖離の中で、その背景、課題を整理し、食と農、都市と農村を結ぶ新しい取り組みについて取り上げている。

　第4章〜第6章では、地域が有する資源に着目する。まず第4章では、地域資源とは何かについて解説し、地域資源を活かした活性化の取り組みについて、歴史的変遷を明らかにしている。第5章では、農山漁村の代表的な地域資源である「食」に着目し、地産地消、農業の6次産業化、農家レストラン、在来作物について取り上げている。続く第6章では、文化財や産業等の地域資源を活かした地域活性化について考える。地域の魅力をどのように発見し、保全・活用するのかについて解説した後、観光の変遷について触れ、地域資源と観光についてまとめている。

　第7章、第8章は、地域づくりを考える上で二つのアプローチとなる、上からの地方自治と行政施策と、下からの住民主体の発展について考える。第7章では、政策・予算をたて、地域のかじ取り役を行う自治体・行政とは何

か、その役割について検討している。続く8章では、住民自らによる発展の
あり方を考える内発的発展論について考えていく。

　第9〜11章では、地域づくりの主要な主体である協同組合とNPOについ
て考える。まず、第9章では、協同組合の基本的な性格、歴史について学ぶ。
第10章では、日本の農村にとって社会的・経済的に重要な役割を果たしてい
る農業協同組合（JA）について、設立の歴史と事業内容等について解説し
ている。第11章は、都市のコミュニティも視野に、市民活動と地域づくりの
変遷と、NPOを含めた近年のコミュニティ・ビジネスの展開についてまと
めている。

　第12、13章では、日本を離れ、アジアについて学ぶ。第12章ではアジアの
農業生態の変化を地理的、歴史的に捉える。第13章では韓国、インド、中国
を例に、経済成長と地域格差について解説している。

　以上のように、本書は農山漁村を単なる農業生産の場としてでなく、自然
と人の営みを含めた場として多角的に捉え、その現状を把握できるよう努め
た。今後の農村、農村と都市のあり方について考える契機となれば幸いであ
る。

目　次

コラム 目次

地域の社会と経済を学ぶ

第 1 章

農村の空間・資源利用とステークホルダー

　本章では、現代の日本の農山漁村地域のなかでももっとも一般的な、農業を中心とした農村を例に、地域社会がどのように成り立ち、また維持されてきたかを、「空間利用」と、その地域に住む、あるいは関わる「人」に注目してみていく。農村では、それぞれのくらしを成り立たせるためにムラ（集落）―ノラ（耕地）―ヤマという空間的広がりをもって共同しながら資源が管理されてきた。こんにち農村を支えるステークホルダーは多様であり、過疎化・高齢化が進行している農村では、そこに暮らす「内（うち）」の人々（ストック）だけでなく、様々な形で関わりを持つ「外（そと）」の人々（フロー）が加わることで、新たな農村の可能性が生まれている。

　Keywords：ムラ／ヤマ／ノラ／共同／過疎化・高齢化／多様なステークホルダー

1．生きていくための地域社会

　ほとんどすべてを現金で手に入れる都市の生活では思いつくのも難しいかもしれないが、まずは、私たちが生きていくのに最低限必要なものは何か、考えてみてほしい。

　水、食料、燃料は生命をつなぐために不可欠なものだ。さらに、着るものや住むところは「衣食住」と呼ばれる生活の基本的なニーズである。移動や運搬ができるような道も必要だ。災害や犯罪などから身を守れるような安全も欲しい。現在のように現金でほとんどのものが手に入るようになる以前、これらは自分たちで賄わないといけないものだった。

　食料は、農業のほか、採集や狩猟、漁撈からも手に入れた。日本では稲が主要な作物であり、一部は焼畑などで作られたが、そのほとんどは水田で作

られた。水田の大部分は河川やため池などから灌漑用の水を引いており、水田は個人を超えた水の管理が必要となる。田植えや稲刈りは短い期間にたくさんの労働力がいるため、親戚や近隣の人たちとの助け合いがおこなわれた。山菜やキノコ、貝類や海藻は、山や海の共有地から手に入れるものも多かった。燃料は薪が中心で、これも山の共有地が大きな役割を果たしていた。道づくりやその維持管理や安全の確保でも、地域の人々の協同が重要だった。農村では生産と生活が同一地でおこなわれ、生産面でも生活面でも、隣近所や地域全体での協同が必要であり、そこに強い社会関係が生まれた。日本の組織の構造は、よく「ムラ社会」と言われ、自分たちの小さなコミュニティでの閉じられた論理や関係性を最優先する姿勢が批判されるが、ムラは生存にあたって不可欠だったのである。

2. 農村の空間利用

（1）ムラ

　図1-1は、日本の農村における空間領域を模式的に示している。ムラを中心に、ノラ（耕地）、ヤマ（山）へと広がっている。ムラは集落のある範囲であり、ムラは氏神に、ノラは田の神に、ヤマは山の神に守ってもらう範囲となる。

　図の中心に、家々が集まるムラ（集落）をおいた。家屋敷の中や脇には自給用の野菜が栽培される畑がある。ムラのなかにはたいてい神社と寺があり、祭りや葬礼は基本的に地域の中で行われた。ムラは生活における地域の資源やいろいろなルールを共有している。

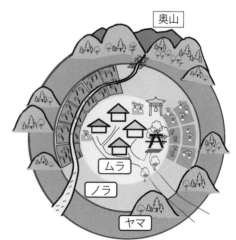

図1-1　ムラーノラーヤマ

資料：加藤（2002）を参考に著者作成

2

　ムラという言葉は、群れ（ムレ）や家群（イエムラ）を語源としていると
いう。現在のむらの原型は、豊臣秀吉の太閤検地のあとに区切られたものを
基にしている。この範囲は、近畿や北陸では、その前から存在したムラと一
致することが多いが、関東以北では実態よりも広い地域を含むところも多
かった。幕末期には、7万1千あまりのムラ（藩制村）が存在していた。現
在の市町村数は1700ほどなので、平均すると、一つの自治体に40ほどのムラ
があることになる。

　ムラは、まずは生命の源である飲料水が手に入るところに開かれていった。
湧き水や小さな流れ込みを共同で利用するようにして家々が増えていき、そ
のうちに個々人の井戸が作られるようになっていく。古いムラは家屋敷が固
まって作られるが、新しい開拓村では、それぞれの耕地の近くに家が作られ
るため、家々が散らばって建てられている散村の構造を形成することが多い。
家々がばらばらのため風当たりが強く、屋敷の周囲には風を防ぐ防風林が発
達した。漁村は海からの風当たりから守るために、家々が軒を連ねて風よけ
し合うように集村の形態を取っている
ことが多い。

　ムラの外から来る者は、見知らぬヨ
ソ者であり、病害や犯罪をもたらすか
もしれない。ムラによくないものが
入ってはいけないため、ムラの境には
道祖神（図1-2）などが祀られ、神の
力を借りて厳重に守られた。ムラを
守った。

図 1-2　道祖神（筆者撮影）

コラム 1-1　村八分とは
　村八分という言葉がある。ムラの中でのさまざまな助け合い（冠（成長に
おける節目節目の儀礼）、婚（結婚）、建築、病気、出産、水害、旅、年回忌、
死（葬儀）、火事のうち、死と火事以外は付き合いを絶つ、というものだ。し

かし水田は水路でつながり合っており八分にした家の田圃だけ流さないという
わけにはいかない。江戸時代であれば、八分を受けた家の田で米が取れな
くなれば、年貢米を他の者が補わないといけないので、そうそう簡単にでき
ることではない。

　さらに厳しい制裁は、炊事道具等を背負わせて村から追放することである。
人のものやムラの資源を盗んだりすると追放にあたいするとされたが、村人
や縁者が詫びてとりなしを求めるとたいがい軽減されたようだ。三陸の漁村
では、不注意からムラの中で火事を起こし延焼させてしまった人が、しばら
く追放され、近隣のムラで身を潜めたのち、知り合いのとりなしで戻る事が
もどることができた、という話を聞いたことがある。

（2）ノラ

　耕地はムラの周りに広がり、「ノラ」と呼ばれる生産地としての空間領域
となる。ノラは農耕神（野神や田の神）によって守られた。ムラの土地はム
ラで利用する、という慣習的な約束事があり、かつては自分の土地でもムラ
の同意を得ずに勝手に売り払うことは難しかった。

　水田は水路で結びついており、自分がその水路を使っていなくても、ムラ
仕事である水路掃除などには参加が求められた。下流の水田は上流水田が利
用する水量に大きな影響を受けるため、干害などで水量が足りない年には、
上流と下流の水田の所有者の間で水をめぐる諍いもよくおきた。

　江戸時代以来、米が主食として特別な地位に置かれるようになったが、
1950年代頃までは山村では焼畑もかなり残っていたし、麦や雑穀も広く栽培
されていた。

（3）ヤマ

　ノラの周りには、ヤマが広がる。ヤマは里山であり、採取地としての領域
である。明治以降、ムラやノラに近いところは多くが私有されていったが、
江戸時代までは、ヤマの多くが村の人たちが共同で利用する共有地であった。
日本では共有地は「入会」と呼ばれた（第2章）。共有林は伝統的慣行の中

で維持され利用されてきた。里山からは、薪や炭の材料、椎茸のほだ木、竹などの工芸の材料、家畜のえさや茅葺屋根の材料、木の実やキノコ、山菜などさまざまな資源が利用され、地域の人々の生活を支えてきた（第 2 章も参照）。里山の奥には、村人が日常的には利用しない奥山が広がり、猟師や木地師と呼ばれる木工品を作る人たちなどが行き来した。また信仰の対象でもあった。

3．ムラの社会構造

　ムラは地域の生活・生産の共同の基礎単位であったし、現在も寄合（地域のことを話し合う場）があったりムラ単位での祭りがある地区も少なくない。ムラの中の各世帯は、それぞれに生計を立てているが、前述のように、田植えや稲刈りなどの農繁期、家の建築や改修などの大規模な作業の時には、世帯の間で協同し合ってきた。それは、「結（ゆい）」、「手間替え」などと呼ばれてきた。また、入会林野など、ムラとして共同で利用管理する資源もあり、燃料や食料など、生活に必要な資源を提供してくれていた。

　ムラでの共同は、防災、安全確保や生活環境保全のためにも必要であった。地域住民が構成する消防団は、現在も地域の防災にとって非常に重要な役割を果たしている。また、地域住民による草刈り作業や道普請等の生活環境整備もおこなわれている。さらに重要なのは祭礼である。人間の思う通りにはいかない豊作や健康、安全への願いは、神への祈りとして表現され、そしてそれが果たされたときには神への感謝が厚く示された。

　さらには、いくつかのムラをまたがって維持管理されるものもある。例えば、共有林は複数のムラが持ち合っていることがあるし、用水路は、ムラを超えてつながっていることも多い。小学校はムラごとにあることも多かったが、合併により校区が広がっている場合が多い。

　ムラの社会の構造は地域によっても異なるが、一般的に、東日本のムラは家を単位に運営され、西日本では個人単位の色彩が強いとされる。地域のさまざまな役職を、西日本のムラでは年齢順や経験順に定員制で担当する一方、

東日本では月番（月ごとに回る役）や年番（年ごとに回る役）を、家単位で順番に担当するような責任担当制の組織形態をとっていることが多い。次世代を担う若者層の組織なども、西日本では次男以下の男児も加入できたが、東日本では跡取りであることが優先されることが多かった。

またムラの中には、さまざまな階層の世帯があった。大きな地主がいる一方で、田畑も屋敷ももたず地主に雇われて生活するような人もいた。ムラのなかで一人前とみなされるか否かでアクセスできる資源には違いがあった。地域の共有林野について、運搬できる家畜がいるような農家でないと実質的に利用できない地域や、分家した世帯には利用の権利が与えられないような地域もあった。このように、地域社会は必ずしもユートピアではないことには留意が必要だろう。

4．農村に関わる人たち

さて、ここからは、農村に関わる人たちをみていこう。長い間、日本の人口は、都市部よりも農村の方が多く、第二次世界大戦後も過半数を占めていた。それが1950年代後半から1970年代初めまでの高度成長期に、農村部から都市部へ、地方から三大都市圏（東京圏、名古屋圏、大阪圏）へ、若者を中心に人口の流入が増えていった（向都離村現象）。そして2000年には8割近い人口が都市部に集中するまでになった。

その後も農村は人口減少の一途を辿り、1990年代にはその存立がぎりぎりの状況になっていることを端的に示す「限界集落」という言葉が生まれるまでに、過疎化・高齢化が加速している。なお、限界集落とは、「65歳以上人口が集落構成員の半数を超え、社会的共同生活が困難になっている集落、冠婚葬祭をはじめ、社会的共同生活の維持が困難な状態に置かれている集落の両方に陥っている集落」である。

農村は農業のみに従事する専業農家で構成されていると捉えられがちだが、実際はそうではなく、農業以外の仕事にも従事する兼業農家や、農業をしない世帯（非農家）が混在している。2000年の農業集落調査では、農家率80％

以上の集落は1割を切り、農家率50％以下の集落が6割を超えた。混在化が農村の一般的な姿であることが理解できるだろう。そうした状況の農村において、地域社会を支える人々に変化が生じている。農村に定住する農家・非農家の人々に加えて、農村に定住はしていないものの様々なアプローチから農村に関わりを持つ人々の存在が大きくなってきているのだ。つまり、そこに暮らす「内（うち）」の人々（ストック）だけでなく、様々な形で関わりを持つ「外（そと）」の人々（フロー）が加わることで、新たな農村の可能性が生まれているのである。

5．データからみる農村の現状

　まず、農村の状況について、最近のデータから見ておこう。

（1）都市・農村部の人口と高齢化率

　農村人口は、先に触れたように、高度成長期に入ると人口規模の小さな市町村から減少し始め、図1-3に見るように減少し続けている。農村部は、都市部と比べて高齢率が高く、過疎化・高齢化が先行している。

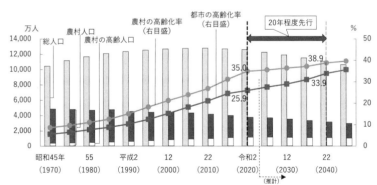

資料：総務省「国勢調査」、国立社会保障・人口問題研究所「日本の地域別将来推計人口（平成30(2018)年推計）」を基に農林水産省作成
注：1）国勢調査における人口集中地区を都市、それ以外を農村とした。
　　2）高齢化率とは、総人口に占める高齢人口（65歳以上の高齢者）の割合
　　3）昭和45(1970)～令和2(2020)年は「国勢調査」、令和7(2025)～令和27(2045)年は「日本の地域別将来推計人口（平成30(2018)年推計）」を基に作成
　　4）令和2(2020)年までの高齢化率は、分母から年齢不詳人口を除いて算出

図1-3　農村・都市部の人口と高齢化率
資料：農林水産省（2022）

（2）基幹的農業従事者の年齢構成

　2022年には、家族農業の主要な担い手である基幹的農業従事者（15歳以上の世帯員のうち、ふだん仕事として主に自営農業に従事している者）の６割が75歳以上となり、日本の農村は、零細な農業を営む高齢の年金生活者が主流となっている（**図1-4**）。そうした状況の中で、日常生活での課題も出てきた。例えば2021年に全国の市町村を対象に実施された「食料品アクセス問題」に関するアンケート調査結果をみると、人口５万人未満の小都市では、住民の高齢化にともない単身世帯や運転免許返納者が増える一方で、地元小売業や既存商店街の衰退、郊外店の出店が進み、いわゆる「買い物難民」への対策が必要になってきている（**図1-5**）。これまで農村では、様々な相互扶助の仕組みを用いて日常の困難を解消してきたが、集落の自治機能のひとつである寄り合いの開催回数の減少にみられるように、農村独自のセーフティネットワーク機能が失われつつある。

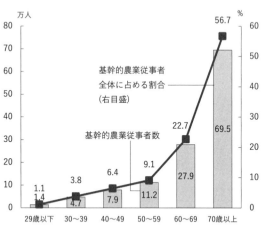

資料：農林水産省「農業構造動態調査」を基に作成
注：令和4(2022)年の数値

図1-4　基幹的農業従事者の年齢構成

資料：農林水産省（2023）

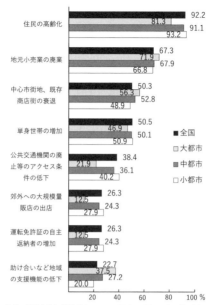

資料：農林水産省「「食料品アクセス問題」に関する全国市町村アンケート調査結果」（令和4(2022)年4月公表）

注：1）令和3(2021)年10〜12月に、全国の1,741市町村（東京都特別区を含む。)を対象として実施した調査（回答率69.6%）

2）「大都市」とは政令指定都市及び東京23区、「中都市」とは人口5万人以上の都市（大都市を除く。)、「小都市」とは人口5万人未満の都市

3）「対策を必要とする背景」の質問への回答結果（複数回答）

図1-5　対策を必要とする背景

資料：農林水産省（2023）

6．食料・農業・農村基本計画に加わった「その他の多様な経営体」

　次に、日本の農業・農村政策において、農家がどのように位置づけられてきたか、「担い手」に注目しながら、整理してみよう。

　「担い手」とはだれだろうか。食料・農業・農村基本法では、効率的かつ安定的な農業経営が、日本の農業生産の相当部分を担う農業構造を確立することを目指すとしている。そしてそのような効率的かつ安定的な農業経営になっている、あるいはそれを目指している経営体を併せて「担い手」と定義

9

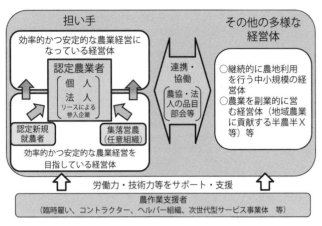

図1-6　地域を支える農業経営体

資料：農林水産省（2020）

している。具体的には「認定農業者」を主として、「認定新規就農者」や「集落営農（任意組織）」などが対象とされている。なお、認定農業者や認定新規就農者に「認定」されると重点的な政策支援を受けることができる。

　2020年に策定された食料・農業・農村基本計画では、地域を支える農業経営体に「その他の多様な経営体」が追加された（**図1-6**）。上記の「担い手」に加え、「継続的に農地利用を行う中小規模の経営体」や、家族経営などの「農業を副業的に営む経営体」によって地域の下支えを図ることが目的とされている。裏返せば、現在の農村は、「担い手」だけでは支えきれない状況になってきていることを示している。

　それでは、現在の農村はどのような人たちによって支えられているのだろうか。

７．農村における多様なステークホルダー

　図1-7は、現在の農村に関わる人々を「農村のステークホルダー」ととらえ、そのタイプを、長期的にくらす「定住人口」と、「関係人口」（短期的に観光に訪れるような「交流人口」よりも継続的に地域に関わるが定住はしな

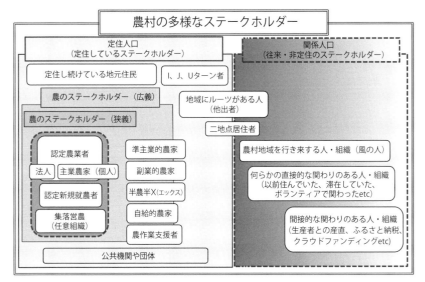

図1-7　農村の多様なステークホルダー

資料：筆者ら作成

い、"交流以上、定住未満"の形で関わるよそ者）のふたつに分けたうえで、さらに「定住」「往来」「非定住」の3つのタイプに整理している。ステークホルダーは一般的に利害関係者と訳されるが、ここでは、農村の関係者、仲間、農村の課題解決に取り組む個人や組織等としておこう。

　では、「定住人口」、「関係人口」の順に見ていこう。

（1）「定住人口」におけるステークホルダー

　ここに該当する人々は、農村に定住していることが前提となる。

1）農業のステークホルダー

　農村に定住し、農業に携わる個人や組織である。「農業のステークホルダー（狭義）」とは、農業および農業関連産業（農業経営の多角化として食品加工業や飲食業、観光・宿泊業等）を経営する、農業を基盤に地域経済のけん引役となっている個人や組織のことである。地域農業の中核的存在とし

11

て農産物の生産・販売を行い、農地の集積と保全管理、継承を担う役割を果たしている。先に見た**図1-6**の「担い手」に重なり、具体的には、認定農業者を中心とした、農業が主要な仕事かつ主要な収入源である主業農家を中心とした販売農家（個人）や農業法人組織、加えて、認定農業者の予備軍である認定新規就農者や集落営農組織などである。

　一方、「農業のステークホルダー（広義）」は、農業以外の生業を持ちながら、あるいは高齢者の場合は年金生活を送りながら、地域農業の一端を担う個人や組織である。先に見た**図1-6**の「その他の多様な経営体」に当たる、副業として農業を営む販売農家や、ほとんど販売をしない自給的農家、「半農半X」と呼ばれる、農業と他産業に同時に従事し兼業する移住参入者などが該当する。自営農業と並行して、農業関連産業もしくは他産業を生業としながら、農村経済を維持、あるいは、活性化する役割を果たしている。

２）農業以外の定住ステークホルダー

　「定住しているステークホルダー」には、そこに暮らす人々すべてが含まれる。当該地に生まれて生業を持ち、定住し続けている地元住民、いったん他所へ出たものの戻ってきたUターン者、新たに地域の一員となったIJターン者（ともに他地域からの移住者だが、Jターンは出身地域の周辺の地方都市に移住した人を指す）。職業を基準にみれば、先に示した農業に従事している人、農業以外の他産業に従事している人や年金生活者、主婦、学生などであるし、多様性の観点からみれば、性別（男性・女性・どちらでもない）、世代（子どもから高齢者まで）、健常者と障がい者、国籍の違いなど、出自や背景の異なる人々によって、社会が構成され、維持されている。なかでも主力となるのは成人であり、納税、共同作業への参加といった形で直接的・間接的に農村を保持する役割・機能を果たしている。

　農村の維持・発展には、計画性と実行性に加え財源が必要であり、自治体などの農村をマネージメントする公共機関や団体といった、組織としてのステークホルダーの存在も重要である。具体的には、行政関連では、市町村議

会、市町村役場、各協議会、農業関連では土地改良区、水利組合、農業協同組合等の団体組織他が挙げられる。これらに該当する組織は、農村の自治機能の中核を担い、今後の方向性を決定し、描かれた将来像に向かって計画的に遂行していく義務と責任を負っている。

　以上の定住する多様なステークホルダーによって、いわゆる「地域づくり・むらづくり」に取り組む自治組織（自治会や複数の地域組織で構成される協議会等）活動、小力発電事業やエコツーリズムなどの農村の自然環境や生態系を活かした循環型社会に取り組む事業運営、農村の歴史や文化などを継承・保全する活動など、農村を維持・発展させるための様々な取組が行われている。

（2）「関係人口」におけるステークホルダー
1）往来するステークホルダー

　往来するステークホルダーは、農村と当該農村外の両方に定住の場を有して、行き来する人であり、具体的には、他出者や二拠点生活者がこれにあたる。他出者は、農村に生まれ育ち、就職や進学、婚姻等を機に地域外へ転出した者のこと。盆・正月や催事に加え、農作業の手伝いや、通院や買い物など生家の親族の日常生活の手伝いや介護のために定期・不定期に帰省し、一時的に滞在する。二拠点生活者は、主な生活拠点を持ちながら、別の特定の地域にも生活拠点をつくる暮らし方をする人たちのことで、都市住民が農村にも同時に生活拠点を持ち、平日は都会で仕事をして休日は田舎で農業や趣味を楽しむといったライフスタイルを実践する人たちなどが含まれる。滞在型市民農園「クラインガルテン」はひとつの例といえるだろう。これらに該当する人々は、農村の理解者であり、消費者でもあり、地域での諸活動に参加する場合もある。

2）非定住のステークホルダー

　非定住のステークホルダーは、農村とは別の地域に拠点を持つが、農村と

何らかの形で継続性を持って関わりのある個人や組織のことである。その関わりの深さから、「a. 農村を行き来する個人や組織」、「b. 何らかの直接的な関わりのある個人や組織」、「c. 何らかの間接的な関わりのある個人や組織」に大別できる。a. は、災害や過疎化などの地域課題の解決のために地域住民と一緒に活動している企業・団体・学校および社会人や学生が該当する。b. は、過去に転勤などで住んでいた人、山村留学経験者や、a. のかつての参加者や企業・団体・学校など、当該農村において地縁を形成している個人や組織である。c. は、生産者との産直・交流、ふるさと納税、クラウドファンディングなどを通じて関わり、当該農村を訪れることはないかもしれないが、そこで生産された物や提供されたサービスを購入することを通じて、地域を支援する個人や組織である。これらの人や組織は、農村の理解者であり、関わり方には濃淡があるものの、住民や地域を支える意思を持った支援者と考えられるだろう。

　このような往来する・非定住の多様なステークホルダーによって農村に外からの新風が吹き込まれる。その影響力について、近年では、マイナスの影響を懸念するよりもプラスの効果を期待する傾向にある。

　以上、農村における多様なステークホルダーの存在を見てきた。

（3）田園回帰と多様なステークホルダーへの期待

　最近では、都市部の若者の田舎指向を表す「田園回帰」が注目されている。この背景には、外的要因の影響も見過ごせない。1973年オイルショック、1990年バブル崩壊、最近では新型コロナウイルス感染症といった社会経済情勢を大きく揺るがす現象が生じたとき、都市での生活に限界や不安を生じた人々が農村へ転入する波が発生する。オイルショック後、三大都市圏から50万人弱が転出した1980年度の農業白書では、大都市での雇用環境が悪化したことと、成長よりゆとりと生きがいを求める方向に国民の価値観が移っていることをその要因として指摘している。また、総理府が、オイルショック後、バブル崩壊後に実施した世論調査でも、自然の多いまちを求める回答が約6

割であったり、心の豊かさやゆとりのある生活を重視する人の割合が伸びており、価値観の変化が人口移動と関係している。新型コロナウイルス感染症の影響下でも同様の傾向が生じており、2022年6月に内閣府が行った調査では、東京圏在住者で地方移住に関心があると回答した人の割合は全世代では3割強であるのに対し、20歳代では5割弱と、若い世代で地方移住への関心が高まっている傾向がみられた。多くの回答者が「人口密度が低く自然豊かな環境に魅力を感じたため」、「テレワークによって地方でも同様に働けると感じたため」と答えており、地方暮らしやUIJターンを支援する団体への相談も増加している。農村は、こうした社会情勢の変化に伴う人口移動を受け入れるセーフティネットの機能を有しているとも言えるだろう。

　このように若者層を中心に農村への関心が高まる傾向とともに、多様なステークホルダーによる農村への関与が期待されている。高齢化と過疎化が進行する農村において、「内（うち）」の人々（ストック）によるマンパワーには限界が生じつつある現在、今後の農村の方向性を描く上で、「外（そと）」の人々（フロー）の存在は、その影響力を強めつつある。そして、SNSの広がりとともに、地方から多様な取組が発信・紹介されるようになってきた。

　では次章から、農村での多様なステークホルダーによる取組とその影響について学んでいこう。

【推薦図書】
鳥越皓之・日本村落研究学会（2007）『むらの社会を研究する―フィールドからの発想』農山漁村文化協会
塩見直紀，藤山浩，宇根豊，榊田みどり（2021）『半農半X　これまで・これから』創森社

（諸藤享子、吉野馨子）

第2章

コモンズを考える

　私たちの先人たちは、村での自分たちの暮らしを成り立たせるために、多くの地域の資源を共同で利用してきた。その形は、地域や国によっても異なる。本章では、日本とバングラデシュの対照的な資源の共同的な利用をみながら、それはどのような形だったのか、どういう役割を持ってきたのか、そしてそれは今日どのような意味を持つかを考えていきたい。

Keywords：入会／里山／里海／オープンアクセスなコモンズ／コモンズの悲劇／アンチコモンズの悲劇／自然享受権／レジリエンス／ただ乗り（フリーライディング）

1．私有、公有、共有

　はじめに、自分たちの身の回りにあるものはだれのものか考えてみよう。実に色々なものが目に入ると思うが、例えば身に着けている衣類、テーブルの上の食べ物、いろいろなものが収納されている家具、あるいは電化製品、これらは多分自分のもの、あるいは家族のものだろう。本棚にある本は自分の本のこともあるし、学校の図書館などから借りてきたものもあるだろう。

　さて次に家を出て街を見渡してみよう。商店、会社、学校、役所、色々な建物があり、それらをつなぐ道路や橋がある。商店や会社はその経営者のものだが、役所は政府や自治体のものだ。学校は政府や自治体のもののこともあるし、私立であればその経営者が所有している。道路や橋は、一般の人が利用できるものは行政のものだ。地域によっては自宅の周りに田んぼや畑が広がっている人もいるだろう。この田んぼや畑もやはり誰かが所有している。こうやって見ると、世の中にあるモノは誰かが個人的に所有する（私有）か、あるいは自治体や政府が所有する（公有）かのどちらかに分類されるように

みえる。

　しかしここに山や川、海を加えるとどうだろう。これらは誰のものだろうか。国が所有する山林を指す「国有林」という言葉がある。川は「一級河川」、「二級河川」などと分類されているが、これらもやはり政府や自治体に管理されている。海については「排他的経済水域」という言葉があるように、国の領土として占有されることが決められている空間もある。このように考えると、山や川、海も政府や自治体のもののようにみえる。

　しかし海に遊びに行った時に、「勝手に海のものを採ると罰金」といった趣旨の看板やポスターをみることはないだろうか。「ウニやナマコ、アワビなどは地域の漁業者が育てたもの」「勝手に取ると懲役〇年以下、または罰金〇〇万円以下が課されます」などと書かれていたりする。これは、ここの沿岸の資源はその地域の漁業者のものだと示しているのだ。また山を散策しているときなどにも「ここの山菜やキノコは地区の人たちが利用して管理しているので採らないように」という趣旨の看板をみることもあるかもしれない。

　第1章でも少し触れたが、日本の山や川、海には、地域の人たちが共同で所有し利用管理する「入会（いりあい）」と呼ばれる制度がある。最近は「里山（さとやま）」、「里海（さとうみ）」という言葉を耳にすることが増えているが、入会はまさしくその場を指し、有限な資源を共同的に利用しつつ多様な生き物と共存する日本の故郷の景観を作ってきた。

　このように、資源には誰かが所有する「私有」、自治体や国が所有する「公有」のほかに、地域の人々が共同で所有し利用管理する「共有」の資源がある。これは一般的には「コモンズ」と呼ばれている。さてこのような、個人のものでもなく、行政も関与しない資源は一体どのように管理されているのだろうか。

2．コモンズの再評価

（1）コモンズの悲劇

　ここでコモンズについて長い間語られてきた一つの代表的な議論を紹介しよう。所有者のない草地があったとしよう。そして、ここでは近隣の10人の農民が1頭ずつ牛を放牧していた。10頭の牛が食べる草の量は草の成長量と見合っており、草地はいつも青々と茂っていた。そのうちに一人の農民がもう1頭増やしたいと考え、2頭に増やす。牛は11頭となり1頭増えたが、まだ草は足りているようだ。それをみて他の農民も同じように1頭ずつ増やしていく。草の成長は牛の食べる量に間に合わなくなり、草は食べ尽くされ、結局牛たちを養えなくなってしまう。これは「コモンズ（共有地）の悲劇」として広く知られているものを簡単に説明したものだ。コモンズの悲劇はギャレット・ハーディンによって1968年に発表された。共有資源は過剰利用されがちであり、そのために資源の枯渇を招いてしまうという指摘だ。

（2）オストロムらによる共有資源の再評価

　これは、実は適正な管理をされていないコモンズでの「ただ乗り利用（フリーライディング）」の問題だったのだが、このハーディンの主張以降、長い間、資源は個人による私有か、政府や自治体による公有がいいという考えが主流となった。これに対し、資源の共有管理の重要性を主張したのがエレノア・オストロムだった。オストロムは研究チームを組んで各国の資源の共有管理のしくみを研究してきた。その中では日本の入会も調査されており、持続可能性の観点から注目、評価を受けている。オストロムの研究は徐々に世間の注目を受けるようになり2009年にノーベル経済学賞を受賞するが、それまでの長い間、資源の共有は良くないものとされてきてしまっていた。しかし、政府や自治体による資源の公有は、遠く離れた政府や自治体が各地の資源の詳細な情報を得ることは難しいため、責任者が不正な利用を許したり、管理の目が行き届かないためにただ乗りを許したりしがちだ。一方私有は、

資源は厳格に管理できるだろうが、生命の維持にとって本当にその資源が必要であっても、それを所有していない人は利用することができない、すなわち持たない人を排除してしまうという問題がある。そこでオストロムらは各国で伝統的に培われてきた資源の共同的な利用管理のシステムが再評価されるべきであると主張したのだ。

　オストロムらはコモンズを「コモンプール・リソース」と名付け、資源（リソース）が供給される場を「リソース・システム」、その場（リソース・システム）から供給されるものを「リソース・ユニット」の二つに分けた。資源を供給できる場がまずは存在し（ストック）、そしてそこから変動可能な形で色々な資源が提供されるということだ。例えば、里山というリソース・システムがあり、そこからは薪や山菜などのリソース・ユニットが手に入る、ということになる。里山は不変だが薪や山菜の量は変動する。また里山は世代を経て誰かの所有地になってしまっていることもあるが、慣習的に、自給のための資源は地区住民であれば採っていいというシステムは残っていることもあるので、このオストロムの区分けは有用だ。しかし本稿では、一般的に受入れられている「コモンズ」、あるいは日本のコモンズについては「入会」という言葉を使っていく。

（3）コモンズを良好に管理するための要件

　さて、コモンズが良好に管理できるには何が必要だろうか。例えばA村とB村が隣接しており、両村の領域内にそれぞれ池があって魚が獲れるとき、このA村の池の魚が持続的に利用できるためにはどのように管理したらいいだろうか。漁獲サイズや漁期の制限といった資源管理はもちろん重要だが、誰がどのように利用し管理するかというルール作りについて考えてみよう。例えば、どちらの村にも池があるのだから、「A村の池の魚はA村に住む人だけが獲れることにする」と取決めることはまず考えられることだろう。

　オストロムらが、コモンズの持続的な管理に必要だと提言した8つの原理は、以下のとおりである。第一に境界がはっきりしていること。第二に域の

社会経済状況に調和した管理方法がなされていること、第三に関係者の意見が反応されること、第四に監視のルールがあること。第五には、ルールを破る人には罰則を与えること。しかしその資源が生活に不可欠な場合、いきなり排除したりせず段階的なものである必要がある。

　ルールやそのほかの決まりごとについて意見が分かれることはあるだろう。そこで第六には意見の対立を調整する場があるかが重要だ。第七として、管理の仕組みを地域住民が自分たちで決める事ができるには地域住民に主権があることが必要である。そして第八として、第三者として調整してくれるような上位組織や多層的な組織の存在があること挙げられている。

3．日本のコモンズー入会はどのように管理されてきたか

（1）入会はどのようにして成立していったか

　日本の入会はどのようにして確立していっただろうか。地域の人たちが地域の資源を共同で利用していくように指示した最古の文書は、奈良時代に制定された養老律令内の文書だと言われる。「山川藪沢之利、公私共之」。山や川、藪や沢は皆で使いなさいよ、という意味である。この時代、荘園が広がり地域資源が独占されるようになったり、酷魚と呼ばれるような過剰採取の問題、つまりコモンズの悲劇の問題があったとされる。このような経験を経ながら、地域の人々が地域の資源を利用管理していくという形が少しずつ作られていった。現在につながる入会の形が確立されたのは江戸時代と言われている。例えば山は、中世は村に暮らす武士たちのものであった。近世になり武士たちが村を離れて城下町に移動すると、所有者のない山がでてくる。そのような山は、はじめは誰でも自由に利用していたが、そのうちに近隣の人たちが優先的に利用するようになり、入会となっていった。江戸時代、ヨーロッパ諸国は海外に手を伸ばして植民地を増やすことで、増える資源への需要に対応していたが、鎖国をしていた日本では基本的に地域内の限りある資源で自分たちを賄わなければならなかった。そのような制約の中で、過剰利用による資源荒廃を何度か経験しつつ持続可能な資源管理の方策が模索

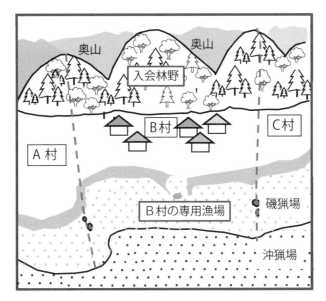

図2-1　入会の領域

資料：筆者作成

されていった。

（2）入会はどのように管理されているか

　入会の範囲は、地域住民の居住地域をベースに、隣り合うムラ間の日常生活範囲から決められていく（**図2-1**）。自分のムラの裏手にある山は自分たちのものだ、という感じだ。山の入会、入会林野では薪、家畜の飼料や肥料源となる草木や落ち葉、屋根の材料、山菜、木の実、キノコなど多様な資源が採取された。茅葺き屋根は大量の茅を必要とする。そこで、去年はあの家、今年はこの家という形で共同で茅を集め、順番に葺き替えられていった。今は薪、牧草、茅葺き屋根はほとんど使わず、山菜やキノコ取りがされる程度だが、1950年代までは入会林野がないと村の暮らしは成り立たなかった。

　村の前に海がある場合、裏手の山の境の稜線などから、浜の境の目印となる岩などに向かって境界線を延ばして領海が決められていく。アワビやウニ、

タコ、イセエビ、サザエ、ワカメ、コンブ、ひじきなど、定着性の水産物が生息する漁場を共同利用して漁業をおこなっている。山の入会の利用がこんにちではあまり活発でなくなってしまった一方、海の入会である磯は今も活発に利用されている。

コラム 2-1 境の争い

　入会の境界線はそれぞれの村が利用できる範囲をカチッと決めてしまうが、その設定に納得いかず村の間で争いになることはよくあった。

　宮城県のある半島の事例をみてみよう。明治時代、A浜とB浜の間で磯の境界争いが生じた。B浜には役所勤めの智恵のある人がバックについたため、A浜にとって裁判は厳しい状況となった。そこで町の弁護士を紹介してもらったが、素朴な浜の人たちは弁護士に適当にあしらわれ、裁判にも負けてしまった。その後、江戸時代に浜の絵図が作られていたことを思い出し確認すると、そこにははっきりと境界が示されてあった。そこでその絵図を証拠に再度交渉を重ね、何年もかけてようやく境界線が定まったという。

　B浜はC浜との境界でも争いがあったが、こちらは境界線を明確にできなかった。そこでグレーゾーンは両浜の共同の入会とし、その売り上げはふたつの浜の共同の公共事業費に充てることになった。

　他方D浜には、境界線が隣のE浜に食い込んでいる箇所がある。それは、昔溺れて亡くなった人がE浜近くの磯に流れ着いたときに、E浜の人が関わりを嫌がって「ここはうちの浜でない」と言ったため「それならばそこはうちの浜の領域だ」とD浜がもらったことに由来するという。

　地域の人たちはなぜこのように地域の資源を独占的に利用する権利を持っているのだろうか。ひとつには、これらの資源がその地域の人たちの生活の重要な糧として長い間利用されてきたという慣習的な権利による。またそれは地域住民個人のためだけでなく、地域のためにも利用されてきた。例えば学校などの公共の建物は、昔は各地区が手弁当で建築することも多かったが、その費用を入会からの売り上げで賄ったという事例はあちこちで聞かれる。

　もう一つには、地域の人たちが資源の持続的な維持管理に貢献してきたことがある。海の入会でいうと、稚貝等の放流、餌の増殖、採捕時期や捕獲サ

イズの制限、密漁の監視など、獲りすぎないように、また資源を増やすように取組をしてきた。地域住民は資源をただ利用しているのではなく、地域の資源が翌年も、次の世代も利用できるように持続性を考えた資源管理を行う責任ある管理者でもあるのだ。

4．地域社会にとっての入会

　次に、入会が地域社会にとってどのような役割を果たしているか、2011年の東日本大震災の時に津波の大きな被害を受けた三陸の漁村でみられた共同のあり方を紹介しよう。このときウニ、ワカメ、コンブなどいろいろな磯の入会の資源の利用で共同的な取組がみられたが、三陸で一番高価であり地域住民の関心が高いアワビ採りに注目してみよう。アワビ採りは、通常は、アワビが生息する磯には漁業協同組合の組合員であれば誰でも入っていいが、アワビを獲るか獲らないかは個人の自由に任されている。つまり地域の入会資源として平等なアクセス権は提供するが、アワビ資源をどれだけ手にできるのかはそれぞれの腕次第ということだ。しかし2011年の震災ではほとんどの漁船が失われ、平等なアクセス権が提供できない状況になっていた。この状況に対して、アワビを採るのをやめようと決めた浜も多く、船のある人だけがアワビを採ることにした浜は非常に少なかった。そしてその他の多くの浜では共同でアワビ漁をおこなったが、その共同の仕方も実に多様だった。出漁した人の間だけで分けた浜は少なく、船に乗らなかった人も含めて分配した浜が多かった。震災前からすでにアワビ採りをやめていた人たちも含めお見舞い金のような形で分配した浜もあった。「漁は競争であり、上手い人がたくさん採るものだ」という漁民の思いも反映させようと、それまでの各人の業績を反映させて分配した浜もあれば、完全に均等割りした浜もあった。地域の人々の状況を考え合わせながら、震災後ほんの数ヶ月で合意され実行されたのは驚くべきことだ。さらに興味深いのは、皆の船が揃ってくると直ちに元の競争的な方法に戻ったことである。やむを得なければ共同的に取り組む、しかし危機が去ったらすぐ個々人の活動に戻るといった、危機に際し

て柔軟に対応できるレジリエンス（回復力）の高さも示している。グローバル化により自然環境、社会や経済が想定外の影響を受けるようになっているこんにち、何かのダメージを受けた時に回復できることが今後さらに大切ではないかといわれており、レジリエンスが注目されるようになっている。レジリエンスは、もともとは物理学や生態学の用語であり、何か変化をあたえられたときに元の状態に戻れる力と考えられていた。しかし近年は、単に元の平行に戻るのではなく、変化や再編をしながら新たな平衡を作り出していくプロセスと捉えられている。

5．バングラデシュにおけるオープンアクセスなコモンズ

　次に、日本の入会とは全く異なるあり方を示しているバングラデシュのコモンズをみてみよう。バングラデシュは、ヒマラヤを源とするガンジス川やチベット高地を源流とするブラマプトラ川による巨大なデルタの河口部にあり、雨季になると河川が氾濫し、国土の大部分を占める平らな低地を水が浸す。巨大な河川は対岸が見えないようなスケールで、長い間河川の氾濫は自然の力に任せられていた。近年は、堤防や道路等が建設されかつてほどの氾濫はみられなくなったが、今でも天然の内水面は国土の4分の1を占めている。

　バングラデシュでは、このように水位が季節的に大きく変動する環境に適応しながら、農業の仕組みが作られていった。典型的には、雨季には雨水と洪水からの氾濫水を利用してジュートや深水稲が、乾季（12〜4月頃）には豆類やイモ、野菜、スパイス、ナタネ、麦や雑穀の畑作物が栽培されていた。ダイナミックな自然環境は地域ごとに多様性に富み、地域の人たちが世代を継いで育ててきた在来の稲の品種は8千を超える、と言われている。

　日本の平地面積に相当する約4割の国土に日本よりも多くの人々が住み、稠密な人口のために日々のくらしは"希少な資源への競争"といわれてきた。バングラデシュではほとんどの土地は私有地だ。森林は丘陵地帯に残っているが国土の2割に満たずそのうち9割は国有である。かつては地域住民に

よって利用管理されていたが、19世紀末、イギリス植民政府により、わずか5％がコミュニティに、2％が私有地として認められたほか、全ての森林が政府のものとされてしまい、独立後もその森林政策は継続している。同様に、地域住民に慣習的に認められていた天然の内水面での自由な漁労の権利も奪われ、独立後も恒常的な水面は国の所有に、季節的な内水面は私有地とされた。そして現在、村にコモンズと呼べる土地はほとんどない。

　他方、雨季の水田は氾濫水によって河川とつながり、天然の魚が川からあふれ出し水田にもたくさん入ってきた。このとき、水田は稲の栽培地であるが、他方、天然の魚が生育する天然の漁場にもなる。他の人の水田に入って魚を獲ることが慣習的に認められており、他の人の田んぼの畔を切って仕掛けをかけることさえも許された。財力のある村人は池を作りそこで魚を養殖するが、池を持っていなくても天然の内水面が村人たちに魚を提供した。

　このように、人間が育てたもの以外は、その土地の所有者でなくても利用することができる。ほかの人の所有する畑に自生する栄養価の高い野草を採集する姿もよくみられる。これらはオープンアクセスな（だれにでもアクセスが認められている）資源であり、先に紹介したような、日本の入会とはまた違ったコモンズのあり方だ。

　水田に関しては、もう一つ興味深い資源利用の形態がある。雨季の在来稲は水面の上昇に合わせて2〜3mに伸び、長いワラを生産する。収穫時には、稲穂は運びやすい長さで刈られるため、秋の水田には刈り残された稲の長いワラが大量に残された。これは、そのまま水田に残しておけば堆肥源となるが、燃料源としても非常に有用だ。そこで、自分の資源だけでは燃料が足りない人たちは、土地の所有者より先に家族総出でワラを持ち去ってしまう。このような資源の利用形態の背景には、「地面に落ちているものはだれがもって行ってもよい」という不文律の慣習がある。その他にも牛糞、果樹の果実、落ち葉等が持ち去られ利用されていた。誰でも利用して良いオープンアクセスな資源ではあるが、とくに自家資源に乏しい世帯の人々によって利用され、生活の支えとなっていた。

日本でも、かつては田んぼには用水でつながる川から天然の魚が自由に行き来し、そのような"天然"に育つものは、だれの田んぼであってもたとえ耕作中でも入って獲ることができたという。自然に依拠した暮らしにおいては、多様な自然資源をベースに複合的な生業が営まれ、私有地の領域内であっても、勝手に自然に存在している天然のものや落ちているものについては、所有権が放棄されていた。オープンアクセスな資源の場合、過剰利用の懸念があることは否めないがこのような「だれのものでもない」資源は、バングラデシュの農村の人々のくらしを守るセイフティネットの役割を一定程度果たし、地域のレジリエンスにも役立っていた。

6. 変わりゆく第三世界の農村のくらしとコモンズ

　バングラデシュでは1980年代より、収量が大きい稲の改良品種を灌漑水、肥料と農薬をセットとして用い栽培する「緑の革命」が浸透し始め、現在では燃料や堆肥源となる長いワラを作ってくれる在来品種の栽培はごく限られたものになってしまっている。本来の稲作時期である雨季よりも乾季の方が稲の栽培面積が多くなり、農薬、肥料の使用量は増加の一途である。また、堤防や道路の建設による水路の分断と農薬等のために天然の魚の流入は激減した。このように農村の開かれた資源や、地域で代々培われてきた遺伝資源が失われていく一方で、近年注目されるのはごく少数の力ある企業による遺伝資源の囲い込みの問題である。

　先に書いたようにバングラデシュには8千を超える在来の稲の品種があったといわれる。これはコモンズとしての知の集積だ。しかし、このような在来品種は近代技術の浸透によって急速に減少しており、これは遺伝資源の喪失にもつながっていく。農家が多様な品種を栽培するのはリスクヘッジの意味もある。味はあまりよくないが病害や天候不良に強い品種がある。日頃は喜ばれないが、他の品種が不作の年でも一定の収穫を得る事ができ農家の生計を守ってくれる。バングラデシュの在来種を分析したところ、多くの品種で、天候不良の時に発生しやすい「いもち病」に対する多様な抵抗性が確認

され、しかも同じ品種でも栽培時期によって抵抗性の現れ方が違っていたという（JIRCAS、2017）。多様な稲の品種、さらには雑穀などを組み合わせることによって、全ての収穫がゼロになってしまうようなことがないようにリスクヘッジが図られてきた。

　また、このような病害や悪天候に抵抗性がある在来種は品種改良の重要な資源にもなってきた。貴重な遺伝資源が年々喪失していくことに対し種子バンク、遺伝子バンクなどの形での保管が進められているが、そこで重要な役割を担っているのが大手の農薬や種苗を担う企業でもあり、遺伝資源の独占につながっていく恐れがある。

　在来品種は世代を継いで培われてきたもので開発者が特定できないため特許権の設定は難しいし、もし農民が特許を取ろうと思ってもその手続きは容易ではない。一方、多国籍企業は特許が設定されない様々な在来種を特許権で囲い込み利潤化しようとしている。例えばバングラデシュでも毎日食べられているカレーの主要なスパイスであり、カレーの黄色い色のもととなっているウコンについて、二人のインド人が1995年に米国でその薬効について特許を取りミシシッピ大学医学部に譲渡してしまった（森岡、2005）。これに対し、インド政府機関は米国特許商標庁に抗議したが、特許を取り下げさせるには公開された文書の形で先行文献を探さなければいけない。インドではごく当たり前に認識されていることでありながら書面の形で保存された伝統的知識を見出すことは容易ではなかった。100年以上前の書物などを見つけ、なんとか特許を却下することができた。このように、コモンズとしての在来知識を、利潤を生む私有物として囲い込もうとする動きがあちこちで起きており、これはバイオパイラシー（海賊行為）と呼ばれ批判されている。在来種は地元の人々が何世代にわたって培ってきたものであるが、そのような本来の名もない育種の担い手を全く置き去りにした遺伝資源の支配、食の支配の動きだ。これは、コモンズのただ乗りともいえよう。そしてそれに対し「食料主権」を訴える運動が広がっている（第3章）。

7. アンチコモンズの悲劇を乗り越えて

　行き過ぎた私有化や特許権の設定による知識の囲い込みは世の中のための
イノベーションの大きな阻害にもなっており、これはマイケル・ヘラーに
よって「アンチコモンズの悲劇」と名付けられた。再び1つの大きな草地の
利用にたとえてみよう。誰でも使えるオープンアクセスな状況下では、ハー
ディンが指摘したように誰もが責任を持たずに過剰利用してしまう「コモン
ズの悲劇」が起きかねない。それを"地域"などのやや大きな単位で区画し、
その単位内で関係者たちが共同で利用管理するとコモンズになる。それが個
人によって所有されると私有の草地となる。その草地があまりにも多くの所
有者によって細分化されてしまうと、その一つ一つの区画は小さくなりすぎ
て利用価値が低下する。しかしその草地を誰かが有効に利用しようと思って
もあまりにも多くの所有者から同意を得なければならないので結局使えない。
これが有用な資源が利用されず、社会に不利益をもたらしてしまう「アンチ
コモンズ」の状態だ。

　近年、「自然享受権」という考え方が注目されている。これは北欧中心に
存在してきたもので、スカンジナビア諸国では「万人の権利」と名付けられ、
少なくも中世以降より慣習として存在してきたという。土地の所有者に損害
を与えない限り、すべての人にあらゆる土地への立ち入りや自然環境の享受
を認めるというものだ。散策、テント泊、水遊び、天然の果実やキノコの採
取などの活動が認められている。バングラデシュ農村での自然との関わり方、
所有しているからといって必ずしも占有にはつながらないかかわり方ともつ
ながってくる考え方だ。

　もともとは土地なしの人々の生活の保障のために認められたものであり、
これもバングラデシュ農村と相似している。イギリスのイングランドや
ウェールズでは、かつてあったが産業革命に起因するエンクロージャー（農
地の囲い込み）によって奪われた市民の権利を、100年をかけた運動をとお
して見直し、2000年には法的にも認められた。地域に賦存する自然の開かれ

た所有のあり方は、自家資源に乏しい世帯にとっては最後の生命線であり、これは現在でも、とくに開発途上国では依然重要である。一方、先進国ではレクリエーションの視点から自然享受権が見直されてきており、こちらは「共有される空間」を再び作り出そうとする試みといえるだろう。

　ヨーロッパの自然享受権は、自然への理解と配慮を前提としており、例えばスウェーデンでは「自然享受権を行使する場合、あるいは田園地域にいる場合、利用する自然に対して十分な注意と配慮が必要である」と法律で定めている。そして、その理解のために幼児期より環境教育が行われている。子供たちは、自然や自然の恵みを自分一人で独占するのではなく、他の人も、次の年にもその自然の恵みを皆が共有して享受できるよう考えて行動する、という持続可能性の基本となる考え方を、自然の中での活動を通して学んでいるという。

　資源は有限であり、知識は世代を超え多くの人たちによって培われてきたものだ。囲い込みではなく分かち合い、ただ乗りではなく貢献、知識を独占するのではなく知恵の共有と発展的な継承につながっていくコモンズの視点が今こそ求められているのではないだろうか。

【推薦図書】
室田武編著（2009）『グローバル時代のローカル・コモンズ』ミネルヴァ書房
斎藤幸平（2020）『人新生の「資本論」』集英社

（吉野馨子）

第３章

消費者と生産者をつなぐ

　こんにち、日本の国民の大半は都市住民となった。経済のグローバル化のなか、自分たちの食べるものがどこでどう作られ、自分たちの手元に届くかは見えづらい。都市住民は拠って立つ足元の農村、農業という基盤があやうくなっていることに気づいているだろうか。本章では、生産と消費の変化の歴史を振り返った後で、各地で取り組まれている地域の農業や食の自給、資源の循環を取り戻し支えようとするしくみをみてみよう。

　Keywords：グローバリゼーション／農業の近代化／生業（なりわい）
　　　　　　／有機農業／アグロエコロジー／フェアトレード／産消提
　　　　　　携／CSA

1．現代社会と「消費者」

（1）消費者と食

　経済が発達し、高度に社会的分業が進んだ現代は、都市化、産業化が進み、米や野菜を自分や家族で育てる人はきわめて少なくなった。食の外部化、社会化が進み、加工食品の利用、惣菜類を店舗で購入して自宅で食べる中食（なかしょく）や家庭外での食事（外食）が増えている。私たちは、食べものをはじめ生活で使う財・サービスのほとんどを「商品」として購入して消費する「消費者」だ。

　現代の「市場」（マーケット）を中心に据えた資本主義社会では、買い手（消費者）と売り手（小売業者など）は需給関係で成り立っており、その決め手は需要と供給で動く価格である。買い物のめやすは「安く」て「おいしい」が優先されがちであり、そのような消費者の「ニーズ」に応えるように農産物や食品は調達され私たちの食卓に並ぶ。しかし、それらが「どこで、

誰が、どのようにつくった」ものなのかを具体的にイメージできる人は少な
いだろう。

（2）「消費者」の誕生と拡大

　振り返ってみると、そもそも「消費者」が生まれたのは、産業革命により
農村に暮らしていた人々が農地から引き離され労働者となって都市で暮らす
ようになったからである。繊維産業や鉱工業などの資本主義経済の成立と相
まって、農村から都市へ人口が移動した。日本では、明治時代（近代）以降、
資本主義経済の発展とともに都市化が進んだ。三大都市圏（東京、大阪、名
古屋）に集中するようになったのは、第二次世界大戦後の復興期を過ぎた
1955年から始まる高度経済成長時代になってからである。高度経済成長時代
は平均10％前後の実質経済成長率を記録し、1973年の第一次石油ショックま
でつづいた。太平洋沿岸には巨大な臨海工業地帯が形成され、輸入資源を原
材料とした鉄鋼、石油化学、機械、自動車、電気機器等の輸出産業の発展は、
国内での消費拡大も促し、大衆消費社会が出現した。

　このような高度経済成長を労働力として支えたのが農村から都市への多数
の移住者である。戦後のベビーブームの団塊世代（1945 ～ 1949年生まれ）
がちょうど就職期を迎えたことも都市の人口集中を促した。

２. 農業の変貌：生命（いのち）を養う生業（なりわい）としての農から金
　　儲けの農業へ

　国内の農業や農村も大きく変貌していった。第二次世界大戦後、長年続い
た「地主－小作制度」が農地解放によってなくなり、小規模ながらも自分の
農地を耕し、収穫物を自らのものとする独立自営の「自作農」が多数創出さ
れた。戦争による物流インフラの破壊や食糧難のために、米・麦・大豆や野
菜類、地域によっては塩も砂糖も自らつくる自給度の高い暮らしが現れ、地
域の特性に応じた生業（なりわい）が展開した。

農耕には牛馬が使われ、家々でヤギ、綿羊、うさぎ、鶏などの多様な小規模の家畜が飼われた。家畜ふんは堆肥として田畑に還元された。うどんや豆腐などの小規模な農産加工が活発におこなわれ、こんにち小規模な分散型エネルギー源として注目される地域の地形を活かした伝統的な水車は揚水、粉挽き、いも洗い、製材などの重労働を軽減し、水路利用の小規模発電も行われた。

　しかし、このような自給的な農業やくらしは1961年の「農業基本法」により一変する。経済合理主義に基づいた、規模を拡大し効率的で生産性の高い経営によって所得を高めることを目的とする「近代農業」が持ち込まれたのだ。具体的には、①ごく少数の作物を作る専作による大規模化、②消費動向による選択的拡大、③機械化、④化学化（化学肥料・農薬の使用）、⑤施設化（温室などによる季節なしの周年化）などが官民挙げて推進された。このような「農業の近代化」は、日本の気候風土の上に展開していた小規模で多様な作物や家畜が組み合わされた複合経営と、それを支える労働集約的技術とは相いれないものであった。

　農地解放で生まれた多数の小規模な自作農の農家の多くは、大規模化にはすぐには応じなかったが、単作機械化経営には比較的容易に移行した。それにより、機械への過剰投資による「機械化貧乏」、換金作物として多くの地域で導入されたみかんなどの過剰生産も起きた。一方で農業所得の上昇はかなわず、所得を農外に求める出稼ぎや地元企業への就職で兼業農家が増えた。

　自給用の野菜などの栽培は金にならないと打ち捨てられ、農家でさえ多くの野菜を買うようになっていった。一方で農産物は農協、卸売市場を通してまずは都会に供給され、その残りものの古びた野菜が生産地の店先に並ぶような状況となっていた。なお、このような状況に対し、1970年代頃より農村では自家用野菜の自給運動が始まり、生産者による小さな直売所が各地で開設されるようになる。それを主に担ったのは上記のような状況に疑問をもった農家の女性たちだった。家族や近隣の農家からの冷たい反応にもくじけず、それが今日の地産地消へと展開していった（第4章、5章を参照）。

　化学肥料や農薬などの環境汚染も問題となった。化学肥料により土壌は劣化した。ヘリコプターによる農薬の空中散布も盛んに行われ、大量の農薬使用が農家自身および周辺住民の健康問題、大気・河川の農薬汚染や生物多様性を損なう環境汚染をもたらした。

　このように、高度経済成長時代に農業・農村は、重化学工業優先の政策によって、「製品」（農業機械、化学肥料・農薬等）の売り先とされる一方、都市への労働力の供給元となり、人口を失い活力も低下する道をたどり始めた。

３．グローバル経済の進展と農と食

　一方で、戦後始まった大量の小麦の輸入を皮切りに農産物輸入自由化が進み、安価な輸入農産物の影響も農業・農村に影を落とした。

（１）貿易自由化と食料自給

　日本経済は1973年の第一次石油ショックで経済成長が鈍化し、安定成長の時代に移った。1980年代になると、新自由主義に立つ国際協調が求められ、グローバル経済の時代を迎えた。日本政府は1985年、それまでの輸出中心の対外経済政策を見直し、関税を引下げるだけでなく、市場開放・輸入拡大政策として「規制緩和」を打ち出した。

　長い交渉を経て1991年に生鮮みかん・牛肉の自由化が決まり、米については、米国からの強い市場開放要求を背景に、生産者・消費者の大きな反対のなか、関税化に代わる「ミニマム・アクセス機会」を受入れることになった（当初３％の輸入義務、その後、段階的に引上げ）。

　グローバル化は、日本の農家が、外国の広大な農地で安いコストでつくられた農産物・食料品と競争することを意味する。飼料農産物、油糧種子（大豆、ナタネ）などの農産物だけでなく、1980年代以降の円高により、野菜・果実や加工食品の輸入も増えた。1975年に73％（カロリーベース）だった日本の食料自給率は2000年代には40％にまで低下し、その後も低下し続けている。農業従事者数や農地面積も低下の一途をたどった。

（2）フェアトレードの展開

　輸入される農産物も社会的に大きな問題を抱えている。1980年、日本では「バナナ問題」として、日本に輸入されるフィリピン・バナナ農園の問題が大きな話題になった。フィリピンのバナナ農園で働く労働者の代表が日本を訪れ、農園での過酷な労働や危険な農薬散布の状況を訴え、輸入バナナのボイコットを呼びかけたのだ。

　バナナは1963年に自由化され、最も大量に輸入される果実だった。バナナ農園で大量に使われる農薬は日本の消費者に大きな衝撃を与え、これを農薬問題と捉える人が多かったが、それに対し、来日した労働者代表は「人権」の問題であると明言し、バナナの消費者である日本の消費者の行動を問いただしたのだ。それを受け、名古屋の市民グループなど各地で取り組まれたバナナ・ボイコット運動は一定の効果を及ぼした。

　その後、1980年代半ばに起きた砂糖の国際価格の大暴落により失業し貧困にあえいでいたフィリピンの労働者を救おうと1986年に「日本ネグロス・キャンペーン委員会」が発足、その後、地域の在来種のバナナを地域の人たちが生活できる価格で日本の消費者に直接販売する「民衆交易」を行う「オルタートレイド社」がつくられ、生協等も支援してきた。エビ、砂糖、コーヒーも取扱いに加え、地元の人々の自給、自立の活動を支援しわかちあう活動を行っている。

　このような、対話、透明性、敬意を基盤とし、より公平な条件下で国際貿易を行うことを目指す貿易パートナーシップのあり方はフェアトレード（公正な貿易）と呼ばれる。特に「南」（発展途上国）の弱い立場にある生産者や労働者に対し、より良い貿易条件を提供し、かつ彼らの権利を守ることにより、持続可能な発展に貢献することを目指す。フェアトレードの取組は第二次世界大戦後のヨーロッパで始まり、欧米では輸入される食品のかなりの割合を占めるようになっているが、日本ではまだその広がりは限定的である。

　フェアトレードは、当初はNGOや民間団体で取り組まれていたが、こんにちは一般企業も社会的な責任と捉え、「CSR（企業の社会的責任）調達」

として取り組むようになってきた。しかし、これは企業の「グリーンウォッシュ（ごく一部の活動からあたかも環境配慮に取り組んでいるかのように見せかけること）」を助けることになる恐れもあり、その活動を第三者が監視することが重要となる。また、商品のグローバルな市場における認証システムはグローバル市場のルールに則る必要があり、また同じ過ちに陥らないようにすることが必要だろう。

（3）反グローバリゼーションと食料主権

　1995年に自由貿易を目指すWTO（世界貿易機関）が発足し、新自由主義（市場原理万能主義）に立つ多国籍企業が牽引するグローバリゼーションが加速すると、それに対抗する動きが欧米でも日本でも強まった。1999年11月に米国ワシントン州シアトルで開かれたWTOの閣僚会議は、これに抗議する5万人のデモに取り囲まれ、次期ラウンド（貿易自由化の交渉の場）を立ち上げられずに閉幕した。なお、このとき、シアトルを拠点とするスターバックスは批判の矢面に立ち、それを契機に同社はフェアトレードコーヒーの取扱いを始めることになる。WTOは2003年のメキシコ・カンクンでも激しい抗議のデモを受けている。

　この頃からグローバリゼーションに対抗する途上国の力も強まってきた。多国籍企業が食料や農業への支配力を強めること（第2章も参照）に対し、南米では1980年代後半から「アグロエコロジー（生態系に配慮した農業）」運動が台頭し、より公平な食料配分を求めて、社会経済システムの根本的解決をめざすようになった。ヨーロッパでは、シアトル会議以降、行き過ぎた利潤追求による弊害をなくし、民主的な運営によって人間や環境にとって持続可能な経済社会をつくることを目的とする「社会的連帯経済」の運動が広がり、南米発のアグロエコロジー運動とも連携を強めている。

　2007年には、マリのニエレニ（Nyéléni）で、各地の農と食を守ろうとする人々が参集し、食糧主権国際フォーラムが開かれた。そして、「生態学的に健全で持続可能な方法で生産された、健康的で文化的に適切な食料に対す

る人々の権利、そして自らの食料と農業システムを定義する権利」である「食料主権」の重要性が訴えられた。この運動は国連も動かし、「国連家族農業年」(2014年)、「家族農業の10年　2019-2028」、「小農と農村で働く人びとの権利に関する国連宣言（農民の権利宣言）」(2018年)の採択にもつながった。これらの運動は途上国の問題と考えがちだが、大規模化・機械化を無批判に効率的で生産性が高いと捉える認識への再考を求めている点で、日本の農業・農村の課題とも重なり合っている。

4．都市の抱える課題

（1）大衆消費社会と食

　高度経済成長時代を通した経済の発展によって、都市は便利で物のあふれる「ゆたかな社会」になった。新製品が次々に生まれては飽きられていく。食品工業の発達で加工食品も増えた。都心には高層ビル群が建ち並び、郊外には高層コンクリートの団地が広がって都市は膨張を続けた。大量生産・大量消費・大量廃棄の高度大衆消費社会を食の面から支えたのは、流通革命と呼ばれた冷凍技術設備の発展（コールドチェーン）や自動車の普及、全国と地域を結ぶ鉄道、道路網の発達だった。1980年代になると、貿易自由化に円高が加わり、加工食品を含む食品の輸入が増大した。また、肉類・油脂類の消費量の増加や外食・中食・加工食品の増加等の食生活の変化が進んだ。

（2）公害と環境問題

　急激な経済成長は、開発による農山漁村の環境破壊、工場操業に伴う汚染物質の排出や自動車の排気ガス等による公害・環境問題を引き起こした。四大公害裁判（水俣病、新潟水俣病、四日市ぜんそく、イタイイタイ病）は、それを象徴するものだった。物の生産、流通、消費が活発になればなるほど廃棄物が生じ、その過程での排出、廃熱は避けられない。食のグローバル化や大量生産・大量消費などの私たちのライフスタイルの変化が知らぬ間にもたらしている環境への負荷の状況が、近年、エコロジカルフットプリント、

フードマイレージなどによって目に見えるような形で示されるようになってきた（コラム3-1）。限られた資源を有効に活用し、循環型社会をつくること（循環型社会推進基本法が2000年に制定）や、廃棄物を出さないゼロ・エミッションが喫緊の課題として提起されている。

　農業は、本来、生命を介した物質の自然循環を増進するが、それは廃棄物が自然に還る循環を維持していればこそである。そして有機農業はその循環の環に自然の摂理と相容れない化学合成物質等を投じないことを目的としている。

コラム3-1　ライフスタイルが与える環境負荷を可視化する指標

　私たちの"ゆたかな生活様式"は、日常的に環境に大きな負荷を与えているが、それは意識されづらい。それらのライフスタイルがもたらす環境負荷を可視化する指標が近年さまざま開発されている。

　エコロジカルフットプリントは、その代表的なもののひとつである。あるエリアの経済活動の規模を、土地面積に換算、一人当たりの使用土地面積を算出し、適正規模（環境収容力）と比較する形で、その地域の環境収容力と環境負荷を比較する。冬場の温室イチゴ生産がもたらす環境負荷などその精緻化の研究が進む一方で、エコロジカルフットプリントを用い、持続可能な生活レベルと必要なものが手に入り健康的な暮らしの実現をめざす総合的な指標（地球幸福度数など）も作られている。

　海外から輸入する食料品が多い日本の問題を把握するには、「フード・マイレージ」も有効だ。食料の総輸送量に距離をかけた指標で、単位はt・km（トン・キロメートル）。輸入食料品に比べて、地産地消の食料はいかに二酸化炭素排出量が少ないかが視覚ではっきりとわかる。いくつかの前提、品目などを選んで計算し、各国比較をすることが可能で、日本のフード・マイレージが飛び抜けて大きいことが見てとれる。

（3）食品公害と消費者運動

　食の分野でも、戦後から高度経済成長時代にかけて、「森永ヒ素ミルク事件」（1955年）、「カネミ油症事件」（1968年）などの食品公害が起きた。敗戦

後のインフレ・物価高への抗議や粗悪品追放などで出発した消費者運動は、食品添加物の安全性問題、食品偽装問題、残留農薬などに熱心に取り組んだ。粉せっけんの共同購入や地元の豆腐屋に合成食品添加物抜きの豆腐や着色料・発色剤を使わないウィンナーソーセージをつくってもらい、買い支える共同購入なども行われた。その取組の中で、消費者グループ側が購入希望者の数量をとりまとめて注文、製造後速やかに全部を引き取り、注文した消費者がグループの拠点に引き取りに来る、というようなしくみがつくられた。このような活動は、やがて、畜産物、農産物へと進み、有機農業の「産消提携」の取組につながっていった。

5．都市と農村をむすぶ

（1）消費者と生産者の出会い

　高度経済成長は食と農のあり方を大きく変え、1960年代後半から食品公害の話題が引きも切らず報道される中で、子育て中の母親たちは、「子どもに安全なものを食べさせたい」と切実な思いを抱くようになった。他方、金儲けを第一に近代農法にからめとられていく農業のあり方に疑問を抱き、自然と調和的な自立した農業を営みたいと考える農家も出てきた。農薬を使用しない農産物は虫食いなどがあり市場には出せない。そのため、消費者との信頼に基づく協力体制が不可欠となる。当初、有機農業の取組は近隣の農家からは、「江戸時代に戻るのか」などと冷ややかに、あるいは強く非難されたが、近年では、新規就農を希望する人たちの大半が有機農業に取組たいと考えるに至っている。

　「生産者と消費者の提携」（産消提携、「提携」、TEIKEI）は、そのような都市の消費者グループと農村の生産者グループが直結し、季節の野菜（旬の詰め合わせセット）や果物、卵、肉類、米、茶などを、たいていは消費者グループがとりまとめや配送の手配などをして、各戸や小グループに届ける（または受け取りにいく）協同の取組である。

　このような取組は全国各地で多様な背景、条件の下に始まったが、それを

表3-1　フェアトレードと提携の 10 原則

フェアトレードの 10 原則	提携 10 原則
1. 経済的に不利な状況にある生産者に機会を提供する	1. 相互扶助の精神
2. 透明性と信頼性	2. 計画的な生産
3. 公正な貿易の実践	3. 全量引き取り
4. 公正な価格の支払い	4. 互恵に基づく価格の取決め
5. 児童労働、強制労働の排除	5. 相互理解の努力
6. 差別の排除、ジェンダー公正、女性の経済力の力づけ、組織化の自由	6. 自主的な配送
	7. 会の民主的な運営
7. 良い労働環境の確保	8. 学習活動の重視
8. 能力育成の機会の提供	9. 適正規模の保持
9. フェアトレードの推進	10. 理想に向かって漸進
10. 環境の尊重	

資料：World Fairtrade Organization（2023）；日本有機農業研究会

理念面、方法面で支えたのは1971年に結成された日本有機農業研究会（以下、日有研）であった。1978年総会では、実践しているグループのリーダーたちとともにその理念と方法を検討し「生産者と消費者の提携の方法」（提携10原則、提携10か条）にまとめ、その後の運動の指針とした（**表3-1**）。

　第一条では、生産者と消費者の提携の「本質」は、「物の売り買い関係ではなく、人と人との友好的付き合い関係である。すなわち両者は対等の立場で、互いに相手を理解し、相扶け合う関係である。」と、「相互扶助の精神」を説いている。ここには、協同組合精神を信条とする日有研創立者一楽照雄の哲学が息づいている。

（2）食と農を支え合う「産消提携」

　「提携」は、農産物を「商品」としてではなく、それ自体の価値、「食べもの」として扱う。消費者と生産者は、「より安く」、「より高く」と対立するのではなく、家族が家族に手から手へ手渡していくように、生産者と消費者がつながりあうことを目指す。

　生産者は農産物を「誰が食べるか」がわかり、消費者も「どこで誰がどの

ようにつくっているか」がわかる。市場経済が無機的な「需要」を相手にしているのに対し、具体的な人との有機的な関わりであるため、生産者にとっては健康・安全・環境に配慮した農法を続ける支えともなる。

「提携」は広くはフェアトレードに包含され、「提携10か条」は、先に紹介したフェアトレードで掲げられている「10原則」（フェアトレードを推奨する各国の組織の連合体である世界フェアトレード機関によるもの）と重なる部分も大きい（**表3-1**）。そして、どちらの取組も、「実践しながら、さらに良いものをめざしていく」という姿勢を重視していることに留意したい。

このような、日本の有機農業運動で展開された産消提携を先駆的な取組として位置づけつつ、1980年代後半に欧米で始まり、現在広がっているのがCSA（Community Supported Agriculture：地域支援型農業）である。大規模農業が支配的な北米（カナダ、アメリカ）でも、農業大国フランスやイタリア、環境意識の高いドイツ、その他多くの国々で、それぞれの名前で広がった。アメリカでは、数千を超えるCSAのグループがあり、CSAの活動がある地域は土地の値段が上がると言われるほどになっている。CSAのある地域の暮らしの豊かさというものが評価されているのである。日本の提携と同様に、小規模・家族経営農家の自立と地域の消費者とのつながりを作り出すことによって、世界を覆うグローバリゼーションに対抗するローカルな食と農のコミュニティづくりを目指している。

CSAでは、会員登録した消費者は、CSA農場から季節の野菜・果物・畜産物を受け取ると共に、農作業を手伝ったり、会食会に参加できる。流通距離が短く、新鮮であり、消費者が関わることを通して地域の小規模な農場を支える一助となる。

2004年には国際的なCSAネットワークURGENCI（都市と農村の新しい連帯の意）が組織され、有機農業運動の国際的な連合体のIFOAM-Organics International（国際有機農業運動連盟）をはじめ食料主権やアグロエコロジー運動との連携も強めている。食べものを「商品」として販売する市場経済に委ねるのではなく、生産者も消費者も共にわかちあうものとして考え、

食と農を共有されるべき基盤（コモンズ）と位置付ける見方が重視されている。

（3）市民農の取組

　次に、都市住民、消費者が農に携わるコミュニティを作り、農業を暮らしの中に取り戻そうとする「市民農」と名付けられる活動を紹介しよう。

　「あしがら農の会」はその先駆けであり神奈川県の足柄地域（小田原市と周辺自治体）で1990年代前半から取り組まれてきた。茶、米、大豆を中心に、そのほか多様な農産物を、ともに作りたいという人々が地域で耕作されていない農地を借りて共同耕作をする。若い世代や小さな子供たちのいる家族の参加が多く、さらに会社を引退したような中高年層も参加しており、年代は幅広い。農作業の段取りは日々の田んぼや畑の変化を把握し、天気や季節の変化を感じ取りながら決定していく必要があり、そのような役割を担える人がいないと活動は回っていかない。そこで、「市民農」は、核となって全体の作業を段取りする人たちを中心に、活動にほぼ毎回参加できる主力メンバー、参加したい気持ちはあるがレギュラーには来られない人という多様な関わりで構成される。借りた農地をしっかりと耕している様子を見て、当初は懐疑的だった地域の人たちからの、土地を借りてほしいという声に追いつかない状況であるという。また農の会のメンバーのなかから、もっと本格的に農業に従事したい、という人たちも次々と生まれ、新規就農に結びついている。

　このような「市民農」の取組は、行政の施策にも影響を与えており、南足柄市では、「市民農業者制度」が創設された。小規模な農地の貸し借りを支援することで使われない農地を借りやすくしたり、農協組合員になり出荷できるようにしたり、さらには、本格的に農業をしたい人に対して農家になるための支援にもつなげている。また神奈川県では、農地を持たない都市住民が農業に携わる機会を段階的に提供し、耕作放棄地の対策をおこなっている。まずは、体験研修生として約1年間100平方メートルの区画で耕作を体験し、

その後も農業を続けたい人は200平方メートル程度の面積で約３年間耕作できる「ホームファーマー」になる。体験研修を含めて２年以上の耕作実績のある人は、さらに広い1,000から3,000平方メートルの農地で本格的な農業に取り組む「かながわ農業サポーター」に申請できる、というステップだ。

（４）都市的住民が資源の循環の輪に入る；生ごみ堆肥化の取組

　次に紹介するのも都市住民が農と関わる入り口を作る取組だが、こちらは、消費者が資源の循環に参画するものだ。それは、家から出る生ごみを生産者に利用してもらい、それによって自分たちも生産の一端を担うという取組である。生ごみは、私たちは一般的には廃棄物と捉えており、しかも腐りやすく悪臭を放ついやな廃棄物とみられがちである。しかし本来、私たちの出す廃棄物は元の場に戻されていくべきものなのに、それができずに環境汚染を引き起こしているというのが真実だ。私たちが出す“廃棄物とされるもの”をゴミと捉えるのか、資源と捉えるのかで、私たちの取組みは大きく変わっていく。

　生ごみの堆肥化では山形県長井市の「レインボープラン」が名高い。このレインボープランのシステムをみてみよう。生ごみは一般家庭から排出されるが、この段階での、生ごみとそれ以外をしっかり分別することが最も重要である。タバコや洗剤、台所漂白剤などが混じっていると農作物に悪い影響を与えるし、また生産者の信頼を大きく損なう。また水分が多いと腐敗が早く始まってしまうため、水をしっかり切ることも大切だ。そのため、住民の理解を得るための啓発活動は時間をかけて入念におこなわれた。下処理された生ごみは収集所を経由して市営の堆肥センターに運ばれ、稲作農家のもみ殻や畜産農家の家畜ふんと合わせて約３カ月かけて熟成され堆肥となる。堆肥は農協等で生産者が買い、その堆肥を使って作られた農産物は、レインボープラン推進協議会が認証し、農産物直売所や学校給食等で消費者が利用する、という循環が作られている。

　このレインボープランでは、市内全世帯のうちの住宅密集地域に当たる世

帯が参加しており、その生ごみが全部畑に戻っている。さらに、直売所は人が集まる交流の場になり、消費者の人たちは農業も手伝うようになっている。学校給食を通し子供たちは自分たちの出す生ごみが生産に繋がり食べ物として戻ってくることを実感できる。農業の近代化によって途切れてしまった資源の循環のシステム、そして人と人のつながりが取り戻されているのである。

このレインボープランが実現された背景に田畑の土の肥沃度が弱っているという農家の需要があったことは大きい。さらには、地元の農やコミュニティへの熱い思いを持つリーダーがいた。長井市では、1988年から市民の参画による市政を考える会議があり、市民と行政が協同し、地域のリーダーたちが活躍できる場がつくられていた。

生ごみの堆肥化の自治体による取組は、1970年代、生活がゆたかになりゴミも増え処理しきれなくなった時期から始まったが、多くの自治体は失敗し撤退している。成否をわけた最も大きな要因は、生ごみをごみと捉えるか（ごみ処理対策志向だったか）、資源と捉えるか（土づくり・農業支援志向だったか）だった（多辺田、1990）。行政がトップダウンで決めたのか、住民も議論に参加したかも影響した。前者の場合、生ごみを何のために役立てるのかへの住民の理解が進まず、最も重要な家庭レベルでの分別がしっかりできずに失敗に終わっている。一方、長井市のように農業のために役立てたいと考え、住民参加で取り組むことによって、自分たちは堆肥のための資源を提供しているのだという意識が共有され得る。それによって、ようやく失われた資源の循環が取り戻され、都市的住民がその資源循環の中に入っていけるのだ。

6．消費者と生産者がつながりあう社会へ

2019年12月に新型コロナウイルス感染症が発生、世界的大流行となった。世界の主要都市で都市閉鎖（ロックダウン）や移動制限が行われた。くらしの場から切り離されたグローバルな流通システムに依存する都市生活はもろく、世界的にみると食料供給が途絶えるなどの深刻な事態が引き起こされた。

2021年の飢餓人口は８億2800万人に上り、パンデミック開始以降１億５千万人増加したと報告されている（国際連合、2023）。他方、農山漁村のくらしは都市はどに影響を受けず、土と地域に根差したくらしの底力が浮かび上がった。そしてそれに気づいた人たちの田園回帰の動きも続いている。

　農には多面的な機能があるということが近年注目されている。食料やその他の産品を提供するだけでなく、洪水を防ぐ機能、川の流れを安定化させる機能、棚田などを維持管理することによる土砂崩れ、土の流出を防ぐ機能、地下水を涵養する機能といった自然環境や生活環境を保全する役割がまずはある。さらに、そこに生息する生き物の棲みかになり、景観や文化の継承、癒しや安らぎをもたらすというような役割もある。自然とともにある営みは、人の心を回復させる力ももつ。単なる金儲けだけでは農は語れないのだ。

　生産者も消費者もともに、自然に対する謙虚さをもち、森・里・川・海の自然循環と人々のつながりを大切にしていくことが、今後さらに重要となる。とくに、人口の大部分を占める、その場から遠く離れてくらす都市の消費者がつながりの輪にはいっていくことが鍵となる。

【推薦図書】
有吉佐和子（1979）『複合汚染』新潮社
鶴見良行（1982）『バナナと日本人：フィリピン農園と食卓のあいだ』岩波書店

（久保田裕子、吉野馨子）

第4章

地域資源をいかす

　本章から第6章までは、農山漁村における地域資源を生かした地域活性化のあり方について取り上げている。本章では、「地域資源」とは何かを確認したうえで、地域資源がどのように地域活性化に位置づけられてきたか、そして地域資源のもつ価値をどのように見出していくのかについて検討する。第5章ではさまざまな地域資源の中から「食」にかかわる地域資源を、第6章では、こんにち観光資源として注目される「文化資源」を取り上げ、それを生かした地域活性化のあり方について考える。

　keywords：地域資源／特産品／観光資源／集落点検／地元学

1. 地域資源とはなにか

　地域資源とは、地域内に存在する資源であり、地域内の人間活動に利用されている（あるいは利用可能な）有形、無形のあらゆる要素を含む。**表4-1**では、多様な地域資源を分類して示している。地質や地勢、気象条件などの地理的特性（地域特性資源）を背景に、地域固有の自然資源が形づくられる。それらはさまざまな生産活動の原料となり、集落や生活の場や農林業などの生産の場を形づくる元となる。また、地域内外の人々にリラクゼーションやレクリエーションの場を提供する。自然資源をもとに地域の人々が日々の暮らしの中でさまざまな資源が生み出されてきた。

　生活環境では、さまざまな建造物や事物が、さまざまな時代をとおして形成され歴史的な景観を形づくる。そこで営まれる活動は農山漁村の生業としての農林水産業のほか、手工芸、祭礼を中心としたさまざまな伝統芸能等の伝統的な技能を生み出し、変容しつつ引き継がれてきた。さらには伝統的なものに加え、新たなものが生み出され定着し、新たな地域の資源になっていく。これらの技術のほかにも、地域コミュニティの運営において培われてき

表 4-1　さまざまな地域資源

固定資源 地域に固定され、地域内で活用・消費されるもの	地理的特性 （地域特性 資源）	気候的条件	降水、降雪、気温、光、湿度、風、潮流など
		地理的条件	地質、地勢、位置、陸水、海水など
		人間的条件	人口の分布と構成（性別、年齢、家族構成、住んでいるエリアなど）など
	自然資源	原生的自然資源	原生林、自然草地、自然護岸、湿地など
		二次的自然資源	人工林、里地・里山、農耕地、牧草地など
		野生生物	希少種、身近な生物など
		鉱物資源	化石燃料、鉱物素材など
		水資源	地下水、表流水、湖沼など
		エネルギー資源	太陽光、風力、水力、地熱など
		環境総体	風景、景観など
	歴史的資源		遺跡、歴史的文化財、歴史的建造物、歴史的事件、郷土出身者など
	文化・社会資源		伝承文化、芸能、民話、祭り、イベント、伝統衣装、住民特性・気質など
	人工施設資源		構築物、構造物、家屋、市街地、街路、公園など
	人的資源	技術資源	労働力、技能・技術、知的資源など
		関係資源	組織、人脈、地域ネットワーク、相互信頼、ソーシャルキャピタル、地域活動など
	情報資源		知恵、ノウハウ、電子情報、ブランド、評判、制度、ルール、地域への想い・愛着・誇りなど
流動資源 地域内で生産され、地域外でも活用・消費されるもの	特産的資源		農・林・水産物、同加工品など
	中間生産物		間伐材、家畜糞尿、堆肥、下草、落葉、廃棄農作物・海産物、産業廃棄物など

資料：中小企業基盤整備機構（2015）

た知恵やノウハウ、地域のブランディング化などの無形の資源が形成される。これらは、長い年月を経て地域で形成されてきた資源である。それらの技術・技能を用いて、さまざまな特産品やその中間生産物が生み出される。各地の特色ある食材やそれを生かした料理は、地域の食を豊かにし、地域外の人々を惹きつける。

　そして、これらを生み出し、発展させ守ってきたのは人々である。地域住民が中心的な担い手ではあるが、その地域にゆかりのあるさまざまな人たちが、またそれを支える存在となっている。地域出身者や、一過性ではない形で地域に関わりを持つ人たちの存在が、関係人口としてこんにち注目されてきている。地理的特性（地域特性資源）で育まれた自然資源をベースに形づ

くられてきた歴史的資源、文化・社会資源、人工施設資源、人的資源、情報資源や、そこで生み出される流動資源は「文化資源」とも名付けられている。

　地域資源と資源一般を区別するものは、その地域的存在性といえる。ほかのところに持って行ってしまうとその価値が損なわれる特質だ。固定資源は物理的に移動が困難なもので、その地域に行かなければ資源に触れることができないものだ。地域の特産物は流動資源であり持ち運ぶことはできるが、その地域の風土や生態系、人々のくらしの中で培われていたものであり、そこから切り離してしまうと、その価値が大きく下がってしまうことも多い。

２．地域資源と地域活性化

　持続可能な地域づくりには、それぞれの地域の地理的特性、自然環境や文化、その地域を支える人たちなど、地域の特性、資源を把握し生かすことが最も重要となる。地域活性化というと地域経済の活性化が注目されがちであるが、突き詰めると、そこに住む人々が元気になっていくことが地域活性化の本質だろう。地域経済の活性化には、大きくは、地域内のカネを地域内で循環させる「地産地消」と、地域外のヒト・企業・カネを地域内に呼び込む「地域外需要の取り込み」がある。一方、そこに住む人々が元気になるには、経済の活性化だけでなく、生活環境の整備や地域内外での交流や支え合いの機会があることも重要な要素となる。地域づくりの議論の場に参画できる機会があるかなど、組織や制度の在り方も影響し、非市場的な地域資源が重要な役割を果たす。

（1）「地方の時代」と地域資源

　地域の特産品や観光みやげは、地域分権的に統治されていた江戸時代に各地で発達したといわれる（コラム4-1）。しかし、明治維新以後は、中央集権的な殖産興業政策が強力に推進されていき、その後も1970年代前半まで、都市部の発展を軸に日本の経済は動いていった。

コラム 4-1　江戸時代に各地で生み出された特産品と観光みやげ

　江戸時代は、独立した各藩が地域分権的に地域運営をおこなっていた。米を中心とした経済体制だったが、農業生産力が上がった中期以降は換金作物の栽培も盛んになり、各藩の増収のために各地の地理的条件を生かした特産物生産が奨励されるようになる。茶、桑（養蚕の飼料）、こうぞ（和紙の原料）、漆の四木や、紅花や藍、茜などの染料原料、麻や木綿などの繊維原料、たばこ、いぐさ（畳の材料）などの生産が各地で奨励され、現在も山形の紅花、宇治や静岡の茶、会津の漆などは名高い。

　また、一般の庶民にも経済的な余裕が生まれてくると、神社仏閣への「お参り」の旅が盛んになる。とくに伊勢神宮へのお参りは全国的なブームとなり、1829年の式年遷宮の翌年には500万人ちかくの人たちが訪れたという。村人はお参りの代表者に餞別を渡して自分の祈願を頼み、代表者はご利益のあるお札を持って帰ったが、そのうちに、参拝客目当てのさまざまな特産品が作られ売られるようになっていき、それが「みやげ」の起源となった。江戸後期には、各地の特産品ランキング表が発行されるまでになった（図4-1）。横綱級は、松前の昆布、土佐の鰹節、上野の上州織物、山城の京織物といった、こんにちでも有名な特産品が挙げられている。

諸国産物見立相撲（名産品の番付表）

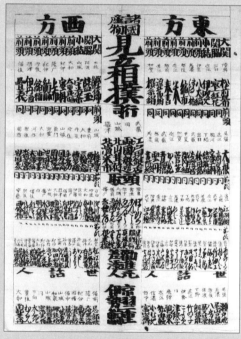

図4-1　諸国産物見立相撲
資料：福井県立図書館HP

　農山漁村は産品や人材を都市に提供する存在とみなされ周縁地域として長い間置かれてきたが、1973年のオイルショックを契機に、「地方の時代」として地方が初めて注目されるようになる。このころ全国的に注目されたのが大分県で提唱された一村一品運動であり、今日につづく特産品づくりの先駆けである（コラム4-2）。"運動"と位置付けることで、行政頼みではなく、地域の人自身が地域の特質を生かした産品を見出し育てることが期待された。

　また、この時期、農産物自給運動や直売所の取り組みも各地で生まれた（第6章1節を参照）。現在は各地に大規模な直売施設があるが、最初期は、農家女性グループが、スーパーの軒先に戸板一枚のスペースをもらって野菜を並べたり、リヤカーで消費者の住む団地を回るなど、本当に小さな規模から始まった。当時の農政は換金性の高い単一の作目を大規模に栽培していくことを推進していたため、小さな自給畑で作った野菜やその手作りの加工品などを販売しようとする女性たちに対し、家族や地域の農家は「たいした収入にもならないことに力を割いている」と冷ややかな対応をすることが多かった。「自分たちや地域にとって必要だ」という信念が、冷遇の時期を経て、現在の地産地消に大きく発展させた。地域の人たち自身が価値を認めるものを見出し、大切に育てていくことが重要なのだ。

コラム 4-2　一村一品運動

　一村一品運動は、1979年に当時の大分県知事であった平松守彦氏が名付けた運動である。「ローカルにしてグローバル」として地域の特産品でありながら東京市場にも世界市場にも通用するものを作ることを目指し、しいたけ、かぼす、関サバ・関アジ、豊後牛、麦焼酎などの質の高い特産品が数々作り出された。一村一品運動は、全国、さらには海外にまで広がった。途上国での農村活性化施策として注目され、中国、マレーシア、台湾、タイ、フィリピン、モンゴル、マラウィなどの国々で取り組まれた。

　一村一品運動の着想のもととなった取組は、1950年代のダム計画に対する地元住民の運動から始まった湯布院での環境保全型観光や、1960年代から進められていた大分県大山町での特産品づくり活動である。例えば大山町は山

がちで政府の米増産の政策には適さなかったが、大山町の人たちは、米作り
に不適な山地の地理的特性を逆手に取り、作業負担が小さく収益性の高いウ
メやクリを栽培、さらに梅干し等に加工して付加価値を高める運動に取り組
んでいったのだ。「梅栗植えてハワイに行こう！」という掛け声のもと、取組み
は広がっていった。そこには、地域の特質を生かし、自分たちの手で自分た
ちの住む地域を良くしていく、という気概があった。

　このような住民たちの自主的な取組に刺激を受けた平松知事が、一村一品
運動として県内の他地域への広がりを働きかけた。しかし、大山町の事例が
示すように、地域資源を生かした地域活性化は一朝一夕で成功するわけはな
いし、他力本願でもうまくいかない。当時、行政頼みの傾向が強かった地域
住民に対し、行政施策としてではなく運動として位置付け、自分の地域の一
番いいところを発揮させること、それによって地域の人がやる気をおこし、
「こんなところに暮らすのは嫌だ」と思う「心の過疎」を招かないことを意図
したと平松知事は述べている。（平松（1998））

（2）「地域創生」の核としての観光と地域資源

　2014年、少子高齢化と東京一極集中のために全国1,799自治体のうち約半
数が2040年までに消滅する可能性があるとする「増田レポート」（元岩手県
知事の増田寛也氏が座長だったため、そう呼ばれている）が発表され、大き
な衝撃を与えた（第7章4節も参照）。同レポートが指摘する課題解決のた
め、各地域がそれぞれの特徴を活かした自律的かつ持続的な社会を作り出す
ことを目指し策定された諸政策は「地方創生」とくくられ、そしてそのなか
で観光は柱として位置づけられている。観光により域外資金が流入するとと
もに、そこで新たな雇用が生まれ、次世代がこの町で働きたい、暮らしたい
という地域をつくることを目指す、とする。

　その文脈において、地域資源は観光資源となり得るものに収斂しがちにな
る。地域活性化における地域外の人たちとの交流の重要性が強調されており、
一過性の観光客から繰り返し訪れる関係人口になっていくことが期待されて
いる。

　しかしこれは、地域住民当事者にとっては、自分たちを取り巻く生活環境

が観光の資源となり、外来者のまなざしや消費の対象とされていくことも意味する。これまで農山漁村は、食料などの生活の基本的な物資、働き手を都市側に送り出してきたが、現在は、さらに農山漁村が保有していると都市側に考えられているアメニティ機能を差し出すことが求められているともいえる。すべての地域住民が地域資源の観光資源化を求めているわけではないし、外部者である観光客や関連業者のニーズに振り回されることも多々ある。地域の人たちが疲弊してしまわず、その観光資源化を通して目指すことが地域住民の間で共有できていること、そして地域の人たちがイニシアティブをとっていけることが肝要となるだろう。

3．地域資源をいかした地域活性化の視点：地域の宝をみつける

　地域づくりに活用される資源は、伝統的な街並み、歴史や文化、祭り等の行事、地元の産業や産物、温泉といったものに加え、小説や漫画・アニメの舞台、地域の普段の生活や地形等の自然条件、人々の気風など、多種多様な有形無形のものがある。

　これら、地域資源には、かつて使ったが現在では使われなくなったもの、使われないでいたものに価値を見出したもの、地域にとって厄介者とされてきたものを逆手に取って活用するようになったものなどもあり、その価値は、外部者の視点によって見出されることも多い。

コラム 4-3　新たに価値を見いだされた資源いろいろ

①山の葉っぱを売ろう！　上勝町の「葉っぱビジネス」

　四国山地の山間にある徳島県上勝町では、「葉っぱビジネス」が盛んであり、年間数億円の売り上げをあげている。日本料理のツマモノとしての四季折々のさまざまな葉っぱや花物の収穫は楽しみがあり、また軽量なため高齢者にも扱いやすい。このビジネスをけん引してきた横石知二さんが、大阪の飲食店でツマモノとしてついていたモミジの葉を若い女性たちが喜んでいる様子をみて、こんな葉っぱならば地元にはいくらでもある、これを売ろう、とひらめいたのがきっかけであったという。（横石（2007））

②廃校を生き返らせる

　農山漁村での人口減少は、多くの小中学校の廃校につながっている。自分や子、孫、近隣のみしった子どもたちが通ったなじみある存在が閉鎖されることは、地元の人たちには大きな落胆をもたらす。そのように使われなくなった廃校をまた地域で活用する取組もおこなわれている。地域住民の交流や福祉施設など地域住民のために再活用されたり、文化施設や教育施設など地域内外の人たちが楽しみ学べる場づくり、地域の産品の六次産業化の拠点、農林漁業体験の場、宿泊施設、ロケ地の提供などをとおして地域産業の振興や来訪者・関係人口の増加をめざした活用などさまざまだ。

③荒れ狂う地吹雪を観光資源に

　青森県五所川原市金木町周辺は、毎年1～2月、猛烈な地吹雪に襲われる。津軽地吹雪会は1988年以来、観光客向けに「地吹雪体験ツアー」を開催し、地元住民にとって"厄介もの"だった地吹雪を観光資源に変えてしまった。この企画の仕掛け人は地元にUターンしてきた角田周さんで、一村一品運動（本章コラム4-2）を知り、地域振興の取組に関心を持つようになったという。当初、この企画を知った地元住民は「金木の評判を落とすことはやるな」と大反対だったが、雪の降らない沖縄から北上しながらプロモーションをしていく間に話題となり、今では、津軽地方の冬を代表する観光企画となり、同様のツアーが県内各地で行われるようになっている。地元の子供たちも地域の名物に「地吹雪ツアー」を挙げてくれるようになっているという。

（地域創生連携交流広場HP、観光庁HP）

　地域資源のもつ価値を見出し活かしていくための視点は第6章の2項に詳しく示しているので、そちらを参照してほしい。本項では、地域を改めて知るために有効な考え方、ツールとして知られる地元学と集落点検を紹介しておこう。

（1）地域に学ぶ「地元学」

　「地元学」は地元に学ぶことである。明治時代、田中正造が提唱した「谷中学」が始まりだ。田中正造は足尾銅山鉱毒事件において政府の責任を厳しく指摘したことで知られる。しかし田中は一方的な支援者ではなく、鉱毒の

中心的な被害地であった谷中村での運動の中で出会った人々や自然に学んでいき、それを「谷中学」と名付けた。

　この田中の「谷中学」の精神を引き継いだのが戦後深刻な公害問題となった水俣病被害者を支援し続けた原田正純である。原田は「水俣学」と名付け、現在は水俣発の「地元学」として取り組まれている。また、民俗研究家である結城登美男も、東北を中心に「地元のことをもっと知って、資源を活用する知恵や術を地元の人に学び、生きやすい場をつくろう」と地元学を提唱、実践している。

　水俣の「地元学」では、ないものねだりをやめてあるものを探し、地域の持っている力、人の持っている力を引き出し、あるものを新しく組み合わせ、ものづくり、生活づくり、地域づくりに役立てていく（吉本、2008）。それぞれの風土と暮らしの成り立ちの物語という個性を確認し、大地と人と自分に対する信頼を取り戻し、自分たちでやる力を身につけていくことを目指している。また、「あるもの探し」には、「土の人」（地元の人）だけでなく、「風の人」（外部の人）との協働が重要であると考えている。「風の人」の視線は、「土の人」が気づかなかったもの、見過ごしていたものの価値を見出す可能性をもつからだ。

（2）集落点検

　「集落点検」は住民の参画により地域が培ってきた歴史や現状を理解し共有するために広く役立っているツールである。

　集落点検は、地域住民が主体となり、ファシリテータ（第三者的な立場から、話題を進行したり意見の調整をする役割）となる専門家や役場職員などとともに、地域を改めて客観的にみつめるための参加型の調査手法であり、ワークショップ（作業場という意味を持つ）とよばれる共同作業を通じておこなわれる。

　集落の状況を、皆で現地を見て歩くアクションなども交えて確認しあい、日頃見過ごしていたようなこと、住民一人一人が心の中で感じてはいたがほ

かの人と共有していなかったようなことがらをともに体感、共有することで、自分たちへの地域の理解が深まり、次のステップへの助けとなることが期待される。さまざまな手法が開発されており、それはまた目的によっても異なってくるが、地域の人口や世帯の動向を把握し他出した家族を含め地域を支える人たちを理解しあう（T型集落点検）、地域の有形・無形の資源を見出す、地域の資源管理の状況の把握（農地、山林、水源地、公共施設等）生活状況の把握（生活物資の調達、雪下ろしなどの生活環境の維持や支えあいの状況、危険な場所の把握等）、他の集落との協力の状況や可能性などを整理することに役立つ。

　重要なのは地域住民間の話し合いであり、それをサポートするファシリテータの役割も非常に重要となる。そして、ワークショップで出された提案を実際の行動に移していくには、その場限りで終わらせることなく、引き続き話し合いの場を作っていくことが必要となる。

コラム 4-4　島根県海士町「ないものはない」宣言

　海士町は隠岐諸島の中之島にある一島一町である。本土からはフェリーで2時間以上かかり、悪天候では陸の孤島になる。人口の減少、税収の危機にさらされながら市町村合併を選ばず、身を削る再建に役場職員、町民が協力し合って取り組んだ。さらに、農業と漁業の文化で生きてきた島の原点に立ち返り、『海』・『潮風』・『塩』を三本柱に地域資源を有効活用した産業振興に全町一丸で取り組む。その主体的な取組に惹かれ多くのIターン者が定着し、また漁村留学も人気が高く、活力のある離島として注目を浴びている。そして、海士町は2011年8月に、「ないものはない」宣言を発表した。以下は同町のHPからの同宣言の主張である。

　『ないものはない』という言葉は、①無くてもよい②大事なことはすべてここにあるという2重の意味をもちます。離島である海士町は都会のように便利ではないし、モノも豊富ではありません。しかしその一方で、自然や郷土の恵みは潤沢。暮らすために必要なものは充分あり、今あるものの良さを上手に活かしています。『ないものはない』は、このような海士町を象徴する言葉、島らしい生き方や魅力、個性を堂々と表現する言葉として選ばれました。地域の

人どうしの繋がりを大切に、無駄なものを求めず、シンプルでも満ち足りた暮らしを営むことが真の幸せではないか？ 何が本当の豊かさなのだろうか？ 東日本大震災後、日本人の価値観が大きく変わりつつある今、素直に『ないものはない』と言えてしまう幸せが、海士町にはあります。

　どのような資源を活用するかは、地域によりさまざまである。他の地域の成功事例を参考として取り組むこともあるだろう。地域の持続可能性から考えると、重要なのは、地元の人々が愛着や誇りをもてる資源を自らが選択し、活用していくことだろう。それをとおし地域の人々が自分の地域に愛着を深め、そこにくらすことを積極的に捉えるようになること。海士町の「ないものはない」宣言（コラム4-4）は、それを端的に示している。そしてそれが、次の世代の人たちが自分で選んで住み続けること、あるいは外から移住してくることにプラスの影響を与えていくことへとつながっていくだろう。

【推薦図書】
吉本哲郎（2008）『地元学をはじめよう』岩波書店
三井情報開発株式会社総合研究所（2003）『いちから見直そう!地域資源—資源の付加価値を高める地域づくり』ぎょうせい

（吉野馨子）

第5章

食にまつわる地域資源と活性化

　近年、6次産業化が日本の農業・農村の活性化策として注目されている。そして、地域固有の在来作物は、郷土料理に代表されるような、その地域らしさを表現できる食の1つとして、さらには生物多様性の観点からも関心が高まっている。これらの動きを単なるブームとして終わらせずに、持続可能な地域経済の活性化にいかに繋げていくかが重要である。この章では、食にまつわる地域資源という観点から6次産業化や在来作物を取り上げ、それらを活かした地域活性化について学ぶ。

keywords：地産地消／6次産業化／農家レストラン／農村女性起業／
　　　　　在来作物

1．農村における食ビジネスとしての地産地消と6次産業化

（1）食への関心の高まりと地産地消

　食と農が直接結びついていた自給自足経済から貨幣経済へ変わり、特に日本では高度経済成長期を契機として、生産者と消費者の間の距離、すなわち食と農の乖離が生じるようになってきた。食と農の乖離が拡大する中で、1990年頃から注目されるようになったのが地産地消である。地産地消とは、「地域生産・地域消費」や「地元生産・地元消費」の略語である。国内の地域で生産された農林水産物（食用に供されるものに限る）を、その生産された地域内で消費する取組を指す。地産地消は、食料自給率の向上に加え、農産物直売所や加工の取組などを通じて6次産業化につながるものといわれている。地産地消の取組には、農産物直売所、農家レストラン、農家民宿、学校給食や病院・高齢者施設等での地域農林水産物の利用などがある。

　我が国で地産地消に対する関心が高まった背景として、1990年代頃から、食の安全性が大きな社会問題となったことが挙げられる。O-157、BSEの発

生などにより、消費者の食や農に対する関心が高まり、地産地消に対して関心を持つ消費者が増加した。また、我が国ではグローバリゼーションの影響が拡大しており、その対抗軸として、ローカリゼーションという議論が進められてきたことも挙げられる。櫻井（2018）によれば、グローバリゼーションによって食と農の分野に現れる現象として、①食品貿易の拡大、②価格の国際連動性、③食品をめぐる労働力の国際的な移動、④食をめぐる政策・規制のハーモナイゼーション、⑤食生活の標準化・画一化がある。これらの食や農のグローバル化に対抗し、ローカリゼーションは、地域食品を再評価して地域の食や農を支援しようとするオルタナティブな側面を持つ。このようなローカリゼーションを支える概念として、地産地消がある。

　地産地消のメリットは、消費者側からは、身近な場所から新鮮な農産物を得られることや輸送距離が短く環境にやさしい生活につながることなどが挙げられる。生産者側からは、ニーズをとらえた生産や品質改善が可能になること、流通経費節減による収益向上への期待や地域の伝統的な食文化の継承などが挙げられる。また、生産者と消費者をつなぐ側からは、学校給食で地場農産物を利用することによって食育の推進につながることや、スーパーマーケットで地場農産物コーナーを設置することによって新鮮で安全な農産物を求める消費者が確保可能になること、飲食店や旅館で地場農産物を活用したメニューの提供によって集客が促進されることなどが挙げられる。

（2）6次産業化

1）6次産業化とは

　6次産業化は、今村奈良臣氏が1990年代に提唱したものである。その背景には、「近年の農業は農業生産、食料原料生産のみを担当するように仕向けられてきた経過があり、2次産業的な部分である農産物加工や食品製造に取り込まれ、さらに3次産業的な部分である農産物流通や販売、あるいは農業、農村に関わる情報やサービスなどもそのほとんどは卸・小売業や情報サービス業に取り組まれてきた。これを農業、農村側に取り戻そう」という考えが

あったからである（今村（2003））。

　当初、今村氏は、1次産業＋2次産業＋3次産業＝6次産業という、足し算による6次産業化の提案を行っていたが、その後、1次産業×2次産業×3次産業＝6次産業という掛け算へと理論を改めた。その理由は、①農地や農業がなくなれば、6次産業の構想が消失すること、②掛け算にすることで、農業、加工、販売の各部門の連携を強化し、付加価値や所得を増やし、基本である農業部門の所得を増やそうということ、③掛け算にすることで農業部門はもちろん、加工部門あるいは販売・流通部門、さらにはグリーン・ツーリズムなどの観光部門などで新規に雇用の場を広げ、農村地域における所得の増大をはかりつつ、6次産業の拡大再生産の道を切り拓くということを提案したかったからであった（今村（2003））。

　1990年代以降、全国各地で6次産業化の取組が活発化していく。2010年に制定された六次産業化・地産地消法（正式名称は「地域資源を活用した農林漁業者等による新事業の創出等および地域の農林水産物の利用促進に関する法律」）に基づいた6次産業化の定義は、「一次産業としての農林漁業と、二次産業としての製造業、三次産業としての小売業等の事業との総合的かつ一体的な推進を図り、地域資源を活用した新たな付加価値を生み出す取組」と前文で示されている。六次産業化・地産地消法は、6次産業化と地産地消の取組を促進させる施策を総合的に促進することで、農林漁業等の振興等をはかるとともに、食料自給率の向上等に寄与することを目的としている。

　同法では、6次産業化の支援施策である「総合化事業計画」と「研究開発・成果利用事業計画」などが規定されている。総合化事業計画は、農林漁業者等が農林水産物等の生産およびその加工・販売を一体的に行う事業計画であり、国から6次産業化の支援を受けるためには、総合化事業計画の認定要件をすべて満たし、農林水産大臣による認定を受ける必要がある。総合化事業計画の認定件数は、2023年9月末日現在で2,634であり、そのうち農畜産物関係が2,332である。認定件数の多い都道府県は、北海道（162）、兵庫県（117）、宮崎県（112）で、事業内容の割合は、加工・直売が最も多く

68.9％を占める。

コラム 5-1 美味しい地産地消―（株）内子フレッシュパークからり

愛媛県喜多郡内子町にある（株）内子フレッシュパークからり（以下、（株）からりと略）は、1996年の開業と同時に道の駅の認定を受けた、農産物直売所、パンや農畜産品の加工・販売、レストランなどを有する複合施設である。2011年に、六次産業化・地産地消法の総合化事業計画の認定を受け、抗酸化物質が豊富なじゃばら等の加工販売にも取り組んでいる。また、2015年1月には、「全国モデル『道の駅』」に選ばれている。

戦後、内子町の農業生産の中心であった葉タバコの低迷を受け、町の農業・農村を活性化し、心豊かな生活を築くための方策や暮らし方を考えたいという農家の要望が高まり、学習の場として、内子町の農林業者、内子町役場等で構成する知的農村塾が1986年に開塾した。知的農村塾では、直売所に関する学習も行われ、（株）からりの開業にも繋がった。

1996年5月に、からり直売所がオープンした。現在、（株）からりの売上は、約7億円（2022年度）で、そのうち約65％を直売所が占める。直売所の運営は、からり直売所出荷者運営協議会が行っており、2023年10月現在の出荷会員数は393名である。出荷者、特に女性の活躍はめざましく、女性の経済的・社会的な自立を果たすと同時に（株）からりの発展を支えてきた。

（株）からり内の燻製工房では、内子町で生産されたSPF豚（通称内子豚）を用いて、ソーセージやハムを製造販売している。内子町と姉妹都市のドイツ・ローテンブルク市に留学した山口佳一氏（現・（株）からり代表取締役社長）が1998年に開業した。内子豚は、以前は大阪府内のみで販売されており、町内ではほとんど知られていなかった。しかし、山口氏は、内子豚の柔らかい肉質、肉の甘味・旨味等を高く評価し、町民に食べてほしいと考えていた。また、地域の名産品として地元で高評価を獲得できなければ、東京や大阪等の大消費地での成功は困難とも考えていた。そこで、手軽に購入可能な価格で本物の食肉加工品を提供することに努めながら、（株）からり内のパン工房とも連携して、内子豚のもろみ焼きバーガーやホットドッグなどを販売し、認知度を高めている。そして、生産支援策として豚1頭の購入につき、生産者に1,000円の生産支援金を支払っている。以上のように、（株）からりでは、地域の美味しい農産物を活用して地産地消を進め、地域の新たな魅力と価値を創出している。（澤野（2016）をもとに加筆）

２）農林水産省「６次産業化総合調査」にみる６次産業化の取組状況

　農林水産省「６次産業化総合調査」の結果をもとに、農業生産関連事業の
実施状況を簡単に示しておこう。2021年度の農業生産関連事業の年間総販売
額は、２兆666億円で、事業体数は60,650事業体であった。年間総販売額は、
2016年度以降２兆円を超えているものの、横ばいである。

　表5-1は、2021年度の農業生産関連事業の業態別年間販売額および事業体
数を示したものである。販売額では、農産物直売所が１兆463億円、農産加
工が9,532億円で、この２業態で全体の95％以上を占めており、観光農園、
農家民宿、農家レストランは、わずかである。農業経営体は、事業体数は農
業協同組合等より多いものの、販売額は低く、農業協同組合等と比較すると
１事業体当たりの販売額は小さい。

表 5-1　2021 年度における農業生産関連事業の業態別年間販売額および事業体数

（単位：百万円、事業体）

		農産加工	農産物直売所	観光農園	農家民宿	農家レストラン
販売額	農業経営体	406,582	180,496	32,634	3,992	23,774
	農業協同組合等	546,686	865,889	―	―	6,561
	総数	953,268	1,046,385	32,634	3,992	30,336
事業体数	農業経営体	29,110	12,690	4,990	1,180	1,110
	農業協同組合等	1,450	10,000	―	―	140
	総数	30,550	22,680	4,990	1,180	1,260

資料：農林水産省「令和３年度６次産業化総合調査」より作成。
注：統計数値については、表示単位未満を四捨五入しているため、合計値と内訳の計が一致
　　しない場合がある。

３）女性による６次産業化の取組

　女性は、基幹的農業従事者の約４割（2023年時点）を占める重要な担い手
であり、６次産業化のけん引役とも称されている。株式会社日本政策金融公
庫の「平成28年上半期農業景況調査」で女性の担当分野と経常利益増加率
（直近３年間）で見ると、営業・販売や６次産業化の分野で女性が経営に関
与した場合、経常利益増加率が200％を超え、高い傾向にあることがわかる。
　実は、女性は６次産業化の概念が誕生する前から、農産加工や直売等に取

り組んでいた。農村女性起業と呼ばれる取組である。農村女性起業とは、地域資源や生活技術を活用しながら、地域産物を使用した女性の収入につながる女性による主体的な起業活動のことであり、農産加工、直売、農家レストラン、農家民宿など、多岐にわたる。

　農村女性たちは、第二次世界大戦後、GHQの指導により、生活改善普及事業の実施を通じて農村生活に関する様々な課題に取り組んだ。市田（1995）によれば、生活改善の目的は、生活改善実行グループを通じて生活技術を普及しながら、生活経営の合理化を図り、農家婦人の地位向上と農村社会の民主化に寄与することであった。生活改善実行グループとは、農村女性により構成された集まりである。生活改良普及員が、生活改善実行グループを通じて学習会や実習を実施し、女性たちを指導した。

　1970年頃から、女性たち自身が食に対する安全性や農家でさえも自給しなくなっていること等を危惧し、生活改善実行グループや農協婦人部の活動で取り組まれていた加工品作りなどを通じて生活を考えるようになった。このような取組は、農産物自給運動と呼ばれ、農村女性起業のルーツとなった。1980年代に注目された一村一品運動では、女性による農産加工への注目が高まり、女性による特産品づくりが各地で行われた。1992年に、農林水産省で初めて女性の行動計画として、「2001年にむけて　新しい農山漁村の女性（農山漁村の女性に関する中長期ビジョン懇談会報告書)」（以下、中長期ビジョン）が策定された。中長期ビジョンでは、能力向上への支援の1つとして、新しい働き方ということも意識しながら、女性たちの加工活動等の取組を農村女性起業と命名し、起業への支援を位置付けた。

　その後、農村女性起業は全国的に展開し、2010年度には全国で約1万件近くに達した。農村女性起業などが活発になることで、農村を支える担い手として女性が期待されるようになった。農村女性起業を通じて、女性たちの経済的・社会的自立や地位向上、家族の理解、女性自身の自己実現、地域資源の有効利用、地域活性化、伝統食の見直しや継承などがなされてきたのである。

２．食資源を活かす農家レストラン

（１）農家レストランとは

　地産地消やスローフードは、世界的な潮流である。さらに日本国内では、和食が2013年にユネスコの無形文化遺産に登録されたことを契機として、食文化への関心が高まっている。旅行の際には、その地域の食事、郷土料理を食べたいというニーズも高まりつつある。

　農家レストランとは、「農業経営体又は農業協同組合等が食品衛生法（昭和22年法律第233号）に基づく飲食店営業又は喫茶店営業の許可を得て、不特定の者に自ら又は構成員（組合員）が生産した農産物や地域の食材をその使用割合の多寡にかかわらず用いた料理を提供し、料金を得る事業」（農林水産省）をいう。農家レストランは、地域の生活技術や食文化といった食資源を生かした取組といえる。

　6次産業化の中でも、農家レストランに取り組んでみたいという農業者は多い。事業の展開を見ると、農産加工や直売等を取り組んだ者が、農家レストラン経営をしているケースが少なくないと思われる。農家レストランは、農産加工や農産物直売所と比較すると接客などのサービスのウェイトが高まる業態である。自家あるいは地場農産物を利用して、質の高い料理を提供するだけではなく、利用者に気持ちよく食事をしてもらうための接客サービスや空間づくりが不可欠である。接客サービスとしては、言葉遣いや身だしなみ、オーダーの受け方（取り方）、料理の給仕方法などが挙げられる。農家レストランでは、このような点が求められるため、6次産業化としてステップアップした業態と考えられる。

（２）日本における農家レストランの特徴と意義

　日本の農家レストランは、農村女性たちが自家あるいは地場農産物等を加工・調理して提供する取組から始まったと言われている。農家レストランの草創期は、女性による郷土料理を提供するタイプが多かったと考えられるが、

現在、日本の農家レストランには様々なタイプがある。例えば、農産物の調達方法では、自家栽培の場合と地域内の生産者から主に調達している場合、メニューでは、家庭料理、伝統食・郷土料理、洋風料理、そばやうどんなどの麺類など、提供形式では、各自に配膳する形式、ビュッフェ形式、建物の形態では自宅の一部、道の駅や直売所に隣接している場合などがある。

　農家レストランでは、農産物の加工・調理に加えて、接客などのサービスや空間の提供をすることで、農産物をめぐるストーリーが消費者に伝わる。また、新鮮な農産物・食材の調達や素材の良さ、居心地、内装等、全体を通じて、農家レストランとしての雰囲気づくりも重視される。農家レストランは様々な要素をもとに成立する取組であり、総合的にマネジメントしていくことが求められる。それゆえに、農家レストランは、農業者の目標や夢として語られることが少なくないが、経営上の様々な苦労がその背後にある。

コラム 5-2　家庭料理や郷土料理を味わえる農家レストラン「知憩軒」

　女性が経営し、家庭料理や郷土料理を味わえる農家レストランとして、山形県鶴岡市の知憩軒を紹介する。知憩軒は、日本経済新聞NIKKEIプラス１の特集「夏休みに行きたい農家レストランランキング」（2009年）で１位を獲得したことがある。鶴岡市は、2014年に日本で初めて「ユネスコ創造都市ネットワーク」（食文化部門）への加盟が認定された。鶴岡市は、食文化を通じた地域の魅力発信が活性化に寄与している街といってよいだろう。

　知憩軒の経営者である長南光氏は、1970年代から生活改善実行グループに加入し、簿記の学習や直売所活動を行っていた。しかし、実母の介護のためにグループ活動をやめざるをえず、代替する活動として、ゆうパックでの産直や書道教室・絵手紙教室を始めた。そして、堆肥小屋を改装して、光氏の書や絵を飾ったギャラリー等を作った。画家の友人が、この場所を「軒の下で憩いながら、知識を高めあう場」という意味を込めて、「知憩軒」と名付けてくれた。その後、冬場の出稼ぎに行けない地域の女性たちと伝統芸能「黒川能」の能装束の機織りを始めた。機織工房を開いてから、長期の体験希望者の宿泊のため、また、老後を人々と交流することで豊かにしたいという夫婦揃っての想いから、中古プレハブ住宅を購入し、自宅横に素泊まりの農家民宿知憩軒を開業した。その頃に、県内農家の無登録農薬の使用問題が発生し、光氏は消費者に農業・農村を理解してほしいという気持ちをいっそう強くした。

農家民宿利用客から朝食の要望もあったため、料理によって農家生活を理解してもらえるのではないかと考え、自宅を改装して農家レストラン知憩軒を2002年にオープンした。

知憩軒のメニューは、家庭料理や郷土料理がベースである。光氏は介護を経験し、食事は、塩分と砂糖控えめの薄味で時間をかけて煮込み、消化しやすい料理方法を心がけてきたことから、今も同様の調理方法で仕込んでいる。また、料理として品良く映り、目で見ても楽しめるように盛り付けにもこだわる。知憩軒では、旬を味わえることが特徴である。在来作物も食べられる。畑の様子で、メニューが決まる。年間を通じて自家調達割合が70%程度を維持できるように、作付けも工夫する。初夏～夏の野菜は、100%自家調達である。老若男女が訪れるが、30%が鶴岡市内や山形県庄内地方、70%は山形県庄内地方以外で、首都圏からの来客も多い。鶴岡の味を楽しめる店として、来訪者が後を絶たない農家レストランである。(澤野（2015）)

3．在来作物―地域の個性としてのシンボル

（1）在来作物とは

在来作物は、ある地域で栽培者自らによって自家採種を行いながら栽培・利用が続けられ、なおかつ世代間で継承されてきている作物である。在来作物には、穀物、野菜、果樹、花き、工芸作物などが多く含まれる。そのうち、野菜を取り上げる際に、在来野菜と呼ぶ。在来作物研究の先駆者の青葉高氏は、在来品種は、「生きた文化財」として価値の高いものと指摘している（青葉（2013））。すなわち、在来作物が、地域の歴史、地域に適した栽培技術、その地域で生きる知恵を伝えてきたことなどを意味する。この点が、在来作物の特徴である。在来作物は、郷土料理に使われている場合が少なくなく、その地域の食文化を支えており、地域の暮らしとも深く関係している。

在来作物や在来野菜というよりも、伝統野菜の方がポピュラーかもしれない。伝統野菜という場合は、行政、生産者、加工や流通に関連する企業などが協議会のような組織を結成し、ブランド化や差別化、付加価値を目的として、独自に定める基準に基づいて選定して認定しているケースが多い。伝統野菜の例としては、京野菜や加賀野菜などが挙げられる。

（2）在来作物の衰退から再注目へ

　日本では、第二次世界大戦後、経済発展や人口増加等に伴い、生鮮食料の安定供給が求められ、大量生産・大量消費の時代に入った。そして、野菜指定産地が作られ、均質化・規格化が必要になった。日本古来の在来種の野菜は、形や大きさが安定せず、栽培するのに手間がかかるものが少なくない。また、採種のために収穫せず残しておく必要があるなど、畑の生産効率や流通効率が悪くなることから、大量生産可能なF1品種に変わっていった。

　しかし、近年、消費者の本物志向や健康志向、地域おこしの機運の高まりや地産地消の推進、ユネスコの無形文化遺産への和食の登録などを背景に、地域の気候風土や食文化と深い関わりのある在来作物が再度注目されるようになっている。

　在来作物の生産者は、美味しいからという理由で生産を続けているケースが少なくない。先祖代々の味、いわば家宝でもあり、自分の代でやめてしまうのは祖先に申し訳ないという気持ちもある。在来作物は、郷土料理や旬の食として地域の食文化の礎であり、その地域に生きる人々の食生活を支え、現在に至るまで連綿と受け継がれてきている。在来作物は、地域の個性や特色を発揮するものの1つであり、その個性や特色が、「ここでしか食べられない」、「季節感を味わえる」といった価値をもたらしている。

コラム 5-3　幻のかぶ「藤沢カブ」を味わう

　在来作物「藤沢カブ」は、山形県鶴岡市で栽培されている、長さ10〜13cm程度、太さ2〜3.5cm程度のカブである。焼畑農法で栽培された藤沢カブは、傾斜を利用して栽培されるため、くの字型に曲がっている。外観は、カブの中心から上半分が鮮やかな赤紫色、下半分が白色で、先端はやや丸みを帯びる。瑞々しく、薄い皮でパリッとした歯ごたえがあり、独特の辛味と上品な柔らかな甘みがある。古くは、「長カブ」や「峠ノ山」と呼ばれていたが、青葉高氏が『北国の野菜風土誌』（1976年）で藤沢カブと命名した。

　藤沢カブは、1990年頃に消滅の危機に瀕していた。その危機を乗り越えられたのは、生産者の後藤勝利・清子夫妻の努力と、在来作物の価値を分かち合う人々の繋がりによるところが大きい。後藤家では昭和中期頃まで焼畑農

法で藤沢カブを生産していたが、経済的な理由等により、田川カブ等の丸カブの生産へと切り替えた。藤沢地区の他の農家も同様で、藤沢カブは絶滅寸前であった。後藤氏が藤沢カブの生産に再度取り組んだのは、1988年に同じ集落の渡会美代子氏から盃一杯の藤沢カブの種を預かったことがきっかけだった。渡会氏は、高齢のため、焼畑ではなく自宅の畑で栽培していた。しかし、焼畑でなければ本来の味や形にならないため、焼畑農法を続けていた後藤氏に種を預けたのである。そして翌年、後藤氏が藤沢カブの焼畑での栽培を再開した。その頃に、藤沢カブの消滅危機が、地元紙「荘内日報」で報じられた。状況を知った同市内の漬物製造会社「本長」の本間光廣社長（当時、現会長）が後藤氏を訪れ、取引が開始し、現在も漬物として販売されている。

　鶴岡市内の飲食店では、収穫時期（10〜12月頃）になると藤沢カブを味わえる。農家レストラン「知憩軒」では、藤沢カブの色合いを活かした浅漬が提供される。イタリアンレストラン「アルケッチァーノ」では、庄内産豚肉と藤沢カブをグリルした料理が提供される。肉の旨味だけではなく、焼かれたカブの旨味や甘味が口に広がり、真夏の焼畑の様子が皿の上で再現されている。また、同市内にある湯田川温泉の一部の旅館でも味わえる。さらに、藤沢カブは、絵本『おじいちゃんのかぶづくり』や映画「よみがえりのレシピ」でも紹介され、反響を呼んでいる。

　在来作物の価値を知ってもらい、未来に繋ぐ第一歩として、現代にあった美味しい食べ方や料理方法を模索していくことも必要であろう。(澤野(2018))

（3）在来作物存続のための課題

　江頭（2018）によれば、以下のように在来作物の存続のためには、大きく3つの課題がある。第一に、在来作物の切実な必要性の共有である。人々にいかに在来作物の多様な価値に気づいてもらい、復活や継承に向き合ってもらえるかということである。第二に、栽培に関する課題である。具体的には、後継者不在の場合の継承方法、地球温暖化などによる作物の品質低下や栽培環境の悪化への対応方法、採種技術の継承方法などが挙げられる。第三に流通上の課題である。在来作物は形状が安定しにくく、また需要側も大量には必要とせず、小ロットの流通が主であるため、小ロット対応可能な流通システムを構築していくことが解決策の1つとなる。

　在来作物が失われるときには、在来作物にまつわる代々伝えられてきた情

報、いわば地域の知的財産ともいうべきものが失われると考える必要があり、地域にとって大きな損失である。特に在来作物の場合、種子を門外不出にしているケースが少なくない。農作物の場合、工業製品とは異なり、一度その種子を絶やしてしまうと、その後は同じものを作り出すことはできない。そのため、育種の面でも在来作物は、継承の重要性を有している。生産者だけではなく、在来作物を用いた食品製造業、飲食店、大学や研究機関、行政などが連携して、在来作物や地域独自の食文化の継承を図ると同時に、在来作物を今の時代の価値観に適合させるような創意工夫も不可欠である。

4．食資源の活用による地域活性化

　様々な地域資源の中でも、特に食にまつわる地域資源は、年齢や性別、職業などを問わず興味・関心を持たれやすい。それは、食が命に関わるものだからである。各地域に様々な食にまつわる資源があるが、まずは食にまつわる地域資源として何があるのか、そしてその魅力に気付くことから始まる。6次産業化は、農業者が自己完結する形で取り組む6次産業化だけではなく、農業者が商工業者と地域内での連携を図りながら進めていくものも含めて広義にとらえることが肝要である。また、6次産業化は、経営内の位置づけが主業的か副業的かによって経営規模が異なるとともに、営利追及のビジネス志向か地域課題解決の社会志向かによって、ステークホルダーとの関わり方が異なると考えられる。

　そして、食資源の活用における女性の役割についてである。本章で紹介した農村女性起業は、現在では6次産業化の1つのタイプと見られるようになっていることに加え、食と女性の関連を強調することで、性別役割の固定化につながることも危惧される面はある。しかし、実際には農村の食に関わる取組を通じて、女性たちは農業経営や地域社会に大きく貢献してきた。今後も、女性たちの食に関わる取組に注目すべきである。

　食は、観光との親和性が高い。旬の食材を活かした郷土料理や在来作物のような地産地消の食材を楽しむことは、旅の醍醐味といってよいだろう。そ

の場所だからこそ味わえる旬の味や地域の味の根幹には、農産物を生産する農業が関わっている。農業を担っている人、農村に住む人や飲食業に携わる人などがその味を作り、継承しているから味わえる。食は、その地域独自の文化であり、重要な地域資源の１つだ。独自の地域性やストーリーを感じさせる食が、人々を集めたり、繋げたりする。農業・農村から生み出される食にまつわる地域資源は、地域の存在感を高め、独自の文化を作り、「その地域にしかない」という魅力と地域の誇りを生み出しているのである。

【推薦図書】

戦後日本の食料・農業・農村編集委員会編、高橋信正（編集担当）（2018）『戦後日本の食料・農業・農村　第8巻　食料・農業・農村の六次産業化』、農林統計協会
佐藤一子・千葉悦子・宮城道子（2018）『〈食といのち〉をひらく女性たち　戦後史・現代、そして世界』、農山漁村文化協会
山形在来作物研究会（2007）『どこかの畑の片すみで―在来作物はやまがたの文化財』、山形大学出版会

（澤野久美）

第6章

文化・景観資源と活性化

　日本各地に、長い時間の中で大切にされてきた地域の営みが存在している。本章では、文化財や地域資源や産業などに着目して、それらを軸とした地域活性化について整理する。多層化する時間が生み出した文化や景観、資源といったものは、単一の視点かは評価が難しい。多様な視点を持ち、他者を尊重しつつ、過去から未来へ繋ぐ現在の役割について考えていきたい。

　Keywords：文化財／世界遺産／保存／活用／地域／観光

1. 地域の文化資源とはなんなのか？

　日本全国、その土地土地で培われていた文化が存在する。衣食住をはじめ、風習や産業、様々な角度から検証すると、どの町にも魅力を見出すことができる。地域の活性化とは、その地域の魅力を発見することから始まる。

　その魅力の発見の仕方には、いくつかのコツがある。地域文化を培ってきたものには、時間軸の長さの違いがあれど、蓄積が存在する。では、その蓄積を、時間軸の長さからみていこう。

（1）長い時間軸からなる文化財

　日本において、最も長い時間軸を有する貴重な資源として、国指定の重要文化財があげられる。1950年に制定された文化財保護法により守られた、我が国にとって極めて重要なものが該当する。建築物や美術工芸品などの有形文化財、演劇・音楽・工芸技術などの無形文化財、有形・無形の民俗文化財、遺跡・名勝・動植物・地質鉱物などの記念物、文化的景観、伝統的建造物群保存地区、埋蔵文化財、文化財の保存技術により構成されている。これらのうち特に価値があるものは国宝として認められ、人類にとって得意に重要な

ものは世界遺産（コラム）として登録される。

　国の指定以外にも、県にとって重要なものは県指定、市にとって重要なものは市指定の文化財として、各行政機関主導で守られている。

（2）地域の文化を形成してきたもの

　文化財として認められずとも、その地域の文化・産業を支えてきたものは確かに存在する。そのようなものは、「文化財未満の文化的価値を有するもの」として、その価値を正当に認識する必要がある。特に、地域の発展を支えた地場産業は貴重なものといえよう。

　日本の江戸時代までは基本的に米の生産を主生業としてきた。江戸時代の人々が所有する土地の量に応じて年貢米を納めてきたことが、それらの証左でもある。明治になると、年貢米から税金に租税が変更され、換金作物が日本全国で生産されることになる。その結果として、養蚕、茶業、織物業、果実生産などの多種多様な生業が発展する。日本全国で、その土地土地の気候風土や周辺環境にあわせて様々な生業が選択され、地域の特徴として花開いていたのである。さらに、昭和前期になると、労働生産性が著しく向上し、様々な技術の機械化が進む。結果として各種生業の効率化が図られるとともに、酪農業や海運業、その他土地と密接に関係のない産業が発達する。これら生業・産業は、地域の特徴的な文化を彩ってきたものと言える。どんな地域にも必ず、その地域の発展を支えてきた生業・産業の蓄積がある。ある地域の魅力を知ろうと思ったら、まずは、その地域を支えてきた生業・産業を見て、現代に至るまでの文化の蓄積に思いを馳せてほしい。

（3）現在の地域の特徴を表すもの＝名産品

　昭和後期以降は生産・加工技術が飛躍的に向上し、地域ごとに多くの特産品が生まれることになる。その土地の特性から多く生産できる１次産業の生産品のほか、加工業により生み出されたものも然りである。地域の名産品が何かを知りたかったら、その街のスーパーマーケットや道の駅を訪れたり、

自治体のふるさと納税の返礼品を見てみると良いだろう。

　その街の特色を伝えるための方法として、キャラクターやイラストなどで紹介するものもある。例えば、北海道では「熊出没注意」と書かれたグッズが多く売られているし、平成に入ると様々なゆるキャラを通して地域のブランディングがなされる。納豆が有名な茨城県水戸市では「ねば～るくん」、梨が有名な千葉県白井市では「なし坊」など、1次・2次生産品をモチーフにしたものも少なくない。それらキャラクターをパッケージにした地域の特産品も多く生み出されている。

（4）地域資源とは地域の魅力を内包するもの

　本節では、時間軸に基づいて地域資源を整理してきたが、それ以外にもたくさんの、地域にとって価値があるものは存在している。大切なのは、その地域それぞれの魅力を、多層化する時間軸のなかで発見することにある。現在は、過去の時間の集積である。どこに視点を持っていくかがで、一見すると気づかない地域の魅力を発見することができるかもしれない。それは、古ければ古い方がいい、というわけでもない。数年しか時間が経っていなくとも、その地域の人々が誇りに感じ、大切に思っていたら、それは誇るべき地域文化である。自分がいる地域について深く学び、思考を巡らすことが、地域活性化の第一歩といえよう。

コラム 6-1　世界遺産ってなんだろう?

　世界遺産というと何が頭に浮かぶだろうか？世界遺産というと観光地をイメージするかもしれない。しかし、世界遺産とは観光のためのものではなく、人類にとって価値のあるものを残すための制度である。毎年開催される世界遺産委員会（World Heritage Committee）では、世界遺産の新規推薦物件および拡大登録申請物件の審議や、危機遺産リスト登録物件の加除、既存世界遺産リスト登録物件の保全状況確認などが行われる。世界遺産とは、人類にとって特に重要な、「顕著な普遍的価値を有するもの」のうち、各国が維持管理する体制を整えたものについて、国際機関のお墨付きを与える制度なので

ある。世界遺産としての価値を有
している かや、維持管理体制が
整っているのかについては、国際
諮問機関による事前確認が行われ
る。自然遺産については国際自然
保護連合（IUCN）、文化遺産につ
いては国際記念物遺跡会議
（ICOMOS）が担当している。日
本には2023年11月現在、25の世
界遺産が登録されている。

図6-1　白川郷のようす
資料：筆者撮影

２．資源を価値あるものと認識する

　良いものを見つけて、その価値を発見して、活かしていく。そのファース
トステップが、地域の魅力を発見することである。当然のことながら、その
ためには地域への愛着や誇りも不可欠で、何よりよく観察して学ぶ姿勢が重
要といえよう。同時に、当たり前の日常の中に価値を見出すには、自分が住
んでいる地域以外にも目を向け、広く現代社会を見つめる必要がある。
　住んでいる人にとっては当たり前のことになっていて、魅力として認識し
ていない、ということはよくあることである。外からきた人が、住民にとっ
て当たり前と認識しているものの価値を伝えることは、その地域の人が自分
の地域に誇りを持つ第一歩にもなりうる。また、知識の有無によって魅力を
認識できないこともある。例えば、野草やキノコに詳しい人にとっては地面
に生えている草も食料になるが、そうでない人にとっては特に価値のあるも
のにはならない。多様な視点から地域を見つめることが大切であり、そのた
めのいくつかの指針を本節では紹介する。

（１）主体の違いによる価値認識の違いを理解する
　肉を好きな人がいれば、魚を好きな人もいて、野菜を好きな人もいる。人

によって好みは千差万別だ。このような好みや評価は、何事にも当てはまる。何かを好きな人がいれば、嫌いな人もいるし、大切なものの順序は人によってそれぞれである。でも、その中にも、いくつかの共通項が存在する。他者の視点への敬意を持ちつつ、他者とともに大切にできるものが見つかれば、それはきっと、多くの人にとっても大切なものになるではないだろうか。

（2）文化財｜価値あるものとしてのお墨付き

　文化財は、多くの人にとっての価値があるものとして、お墨付きが与えられたものといえよう。価値が広く認められ、みんなでその価値を守っていくための制度である。

　文化財というと、とても難しいことのように感じるかもしれない。しかし、現在その価値が認められているものも、誰かが価値があると思い、守ろうと思ったところから保存が始まっている。例えば、現在は多くの観光客で賑わう岐阜県の妻籠宿では、1968年に「妻籠を愛する会」が設立され、全国に先駆けて街並みを保存しながら観光をする、という試みがされる。1971年には住民憲章が制定され、「売らない」「貸さない」「壊さない」という現在の魅力的な街並み形成に至る基幹となる方針が示され1976年に日本で初めての重要伝統的建造物群保存地区のひとつに選定される。このように、価値あるものを保存しようと、誰かが守るためのアクションをはじめたことから、文化財は生まれるのである。

（3）地域住民にとっての価値

　郷土料理や風習、生活文化など、その土地土地で大切にされ、続いてきたことには、何かしらの理由がある。

　集落の長老に話を聞くと、自分の地域の営みが先人と未来の間にあるという類の思想が見え隠れする。地域の営みとは、先人の蓄積に敬意を払い、そして、これからも続いて欲しいと願う人の努力で継続されているのである。現在とは、過去と未来をつなぐ中継点である。地域で営まれてきたことに敬

意を払い、未来でも続いてほしいと思えば、それは価値が認められていると考えられる。

（4）市場経済としての価値

　資本主義と民主主義が同居する現代の日本社会では、市場経済としての価値は決して無視することができない。売れるということは、他者も価値を認識している状態である。社会全体に対する需要と供給を的確に見定めて価値認識することは重要な視点といえよう。

　ただし、大切にして欲しいのは、それが消費されるものなのか、長く愛されるものなのか、という点である。みんなが良いと言っているからいいのではなく、長い目で、自身にとって重要なものを見定める能力を大切にしてほしい。

（5）観光としての価値

　地域の価値が広く認められると、その土地に多くの人が訪れるようになる。外部の人が訪れるという事象は、地域住民にとっての日常を、客観的に評価されているものとして教えてくれるという側面もある。

　観光地に身を置いていると、観光客が来訪することが当たり前のように感じている住民に出会うことがある。しかし、観光とは、その地域が培ってきた文化や自然、風土に価値を見出した人がやってくる行為である。その地域に観光客が来る理由の原点は何なのかをきちんと考え、紡いでいく視点を大切にしてほしい。

コラム 6-2　保存・活用される文化財保護制度

　文化財保護法の多くでは有形文化財が保護されており、仏像や建築物などの具象がまず思い浮かぶ。しかし、それ以外にも、人の営みを前提とした様々な文化財が存在している。例えば、重伝建では、街並みを守ることが主目的のため、文化財として保護の対象となっているのは、街並みを形成する建物

の外観と建物自体を維持する構造体のみである。そのため、特定物件に選定されて守られているものでも、自由に内装を変えることができる。観光地型の重要伝統的建造物群保存地区にカフェやお土産物屋さんが多いのはこのような理由からである。また、使われながら残すことを前提とした登録文化財という制度もある。国や県、市町村が主体的に守る指定の文化財とは異なり、所有者が守っていくことを前提とした制度で、文

図6-2　観光客で賑わう重文建・奈良井宿のようす

資料：筆者撮影

化財としてのお墨付きと減税措置は取られるが、守るための具体の補助金はほとんど期待できない。なので、建物の改修や用途変更などの制限も弱い。実際に、飲食店など事業の付加価値の付け方の一つとして登録文化財を活用している例も多い。また、無形文化財は人々の営み自体を守るものだし、重要文化的景観も補助金は少なく、自然と人間の営みを継承していくためのサポートの側面が弱い。制度は人々のためにある。制度の意味や使い方をきちんと学ぶと、文化財はそんなに遠くない保護制度だということに気づく。

3．保存・活用の方法論

　価値あるものを守り継承するためには、多くの人の活用の機会を設けることが有効と言える。このような考え方は文化財保護法や世界遺産でも認められており、様々な分野で大切にされている。

（1）重要伝統的建造物群保存地区の課題

　文化財保護法では有形・無形の文化財が定義されているが、幾度もの改訂により、時代時代で守るべきものの概念を広げてきた。1975年には重要伝統的建造物群保存地区（以下「重伝建」という）、2004年には重要文化的景観が対象に加えられ、さらに、2015年には日本遺産という新たな制度も制定さ

れている。これらは人の営みが評価されているという共通点がある。建造物や景観、文化を継承するには、その地の文化をきちんと評価し、その上で、人々の暮らしを支える必要がある。文化財保護法とは、日本人にとって価値あるものを評価し、保存し、活用する、「保全＝保存＋活用」するための制度なのである。活用されることで、その価値を理解する人が増え、保存への理解が上がる。その繰り返しで守っていくのが文化財の守り方の根幹である。

（2）文化の継承方法論｜凍結保存と動体保存

　文化を継承するためには、いくつかの方法がある。過去に存在した姿のまま後世に残したい場合、「凍結保存」という方法が取られる。これは、往時の姿のまま残すことを旨としており、文化や産業が最も栄えた時代を設定し、その時点の状態への復元を行う。社寺仏閣などに代表される多くの文化財で採用されており、一般に認識されている文化財の保存方法である。同時に、使い続けることで保存するという「動体保存」という考え方も存在している。「白川郷」や「石見銀山遺跡とその文化的景観」などの人が住み続けているところや、「明治日本の産業革命遺産」など今も現役で使われている産業遺産で採用されており、使い続けることで保存や継承される例もある。

（3）ネイチャーポジティブ

　自然保護の分野でも同じように、人が関与することで守られるという概念が、近年注目を集めている。自然保護の国際的な動きは、米国の国立公園がモデルとなっている。人間が入ることのない手付かずの自然を保護の対象とし、ありのままの自然の姿で守ってきた。日本で言うと、「白神山地」や「知床」などが世界遺産として登録されている。しかし、アジアやアフリカなど、自然を人間生活の一部として認識し、自然とともに歩んできた文化をもつ地域は、地球上に少なくない。日本でも「富士山‐信仰の対象と芸術の源泉‐」が自然遺産ではなく文化遺産として世界遺産に登録されているように、人の営みと自然の関係を切り離さない保護のあり方が存在している。

自然や生物多様性の損失に歯止めをかけ、むしろ環境にとってポジティブ（プラスの状態）にしていくこと意味する「ネイチャーポジティブ」という概念は2020年に初めて使われ、2022年に開催された国連生物多様性条約第15回締結国会議（COP15）第二部では、「昆明・モントリオール生物多様性枠組」が採択され、ネイチャーポジティブの実現が世界共通の目標として認識された。このように、自然分野でも、人の営みと共にある保存が模索されている。

（4）ストーリーを付随する

　その地域がどんな地域なのか、ストーリーで捉えて付加価値を与え、観光や産業振興に活用していく視点も大切である。1990年代に入ると、歴史や文化を物語として捉える重要性が世界遺産委員会で議論されるようになり、「シリアル・ノミネーション」という概念が制定された。日本では、「富岡製糸場と絹産業遺産群」や「明治日本の産業革命遺産　製鉄・製鋼、造船、石炭産業」などが挙げられ、連続した遺産群として保存・活用が行われている。例えば、富岡製糸場と絹産業遺産群では、日本の近代化を支えた養蚕・製糸業が評価され、蚕の幼虫を育てる風穴と養蚕民家、製糸場と、糸が紡がれるまでの一連の構成資産が相互に関連性・連続性を持ち、総体として顕著な普遍的な価値を示すと認定された。

　このような考え方は先述した日本遺産にも共通しており、日本遺産は基本的に全てこのようなストーリーで地域を評価している。例えば、「木曽路は全て山の中〜山を守り　山に生きる〜」という、木曽谷の山の中で息づいてきた文化をつなげた構成資産などがある。

　地域のストーリーを他者に伝えて価値を高めているのは、文化財に限らない。例えば、石川県能登の「春蘭の里」では、①満点の星空、②囲炉裏がある、③郷土料理が楽しめる、などの共通事項を設定し農家民宿のブランディングを図っている。また、「朱鷺と暮らす郷」という自然共生型の米づくりの事例がある。佐渡市では2007年に、国の特別天然記念物・トキの餌場確保

と生物多様性の米づくりを目的とした「朱鷺と暮らす郷づくり認証制度」を立ち上げ、独自農法による佐渡産コシヒカリのブランド、「朱鷺と暮らす郷」を生産・販売している。このように、単独の地域を捉えるのではなく、その地域の広がりや歴史的な連関まで思考をめぐらすことで、価値を向上させる活用方法も存在している。

（5）使われていないものを売れるものや活用されるものに転換する

使われなくなった資産を積極的に活用するものへと転換することで、地域文化を継承する例もある。例えば、岡山県倉敷の「倉敷アイビースクエア」では、紡績工場をホテル等の複合観光施設に改修している。また、「尾道空き家プロジェクト」など空き家を積極的に活用するものや、中心市街地などの遊休不動産を活用して街を活性化する取組も日本全国で積極的に行われている。

また、建築物のみならず、畑や田圃、山林の活用も見られる。日本全国で棚田オーナー制度が試みられているが、千葉県鴨川市の「小さな地球」などの事例では棚田を介したコミュニティの形成にも至っている。また、宮城県石巻市では、使われていない山林を活用した「週末林業」という新しいライフスタイルの提案も行われている。

（6）地域の文化や産業を守っていく

地域の文化や産業を守っていく、というと、大層なことに感じるかもしれない。しかし、現在注目を集めているどんな地域でも、最初は小さな取組から始まっている。大切なのは、小さな取組を継続することである。どんな取組でも3年続ければ仲間は自ずと増えていくし、5年も経つと参考にしてくれる他地域も出てくる。10年続ければ立派なプロである。筆者も、複数の地域活性化の取組を行っている（コラム6-3、コラム6-4）が、そこから学ことは多い。筆者は、小さな活動がきっかけでいろいろな方と出会い、関わった人と大切なものが何かを話し合い、更なるコラボレーションに取り組んでき

た。そうすることで、街はどんどん楽しくなっていくし、小さな挑戦は街を変えると信じている。大切にしたいものを継承するため、仲間と共に何か小さな取組を始めてほしい。

コラム 6-3　宮城県石巻市での水産業の後継者育成事業と暮らしの体験施設

　筆者は2011年の東日本大震災で被害を受けた漁村集落の復興のお手伝いをしてきた。最初は行政と連絡をとりながら防災集団移転事業や漁業集落防災機能強化事業などのサポートをしていたが、2013年には地域住民らと共に「桃浦浜づくり実行委員会」を組織し、「牡鹿漁師学校」という取組を開始した。

これは移住したい人や漁師になりたい人向けに、住民らが講師になった2泊3日程度の漁業体験イベントで、毎年1‐2回の開催を2019年まで続けた。2015年には地道な取組が石巻市に評価され、（一社）フィッシャーマン・ジャパンと連携して「石巻市水産業担い手センター事業」を受託し、新規漁業就業者支援に取組、50名近くが就業に至っている（2023年10月現在）。また、（一社）APバンクと連携し、集落に泊まれる暮らしの宿泊体験施設「もものうらビレッジ」を開業している。

図6-3　漁村の中の宿泊施設「もものうらビレッジ」

資料：筆者撮影

コラム 6-4　長野県塩尻市での漆産業や職人を後押しするお店

　長野県塩尻市木曽平沢は、全国でも珍しい、漆を塗って漆器を作る漆産業を生業とする職人による漆工町である。しかし、「漆を塗れば3本足の机も売れる」と冗談半分で言われていた昭和後期から徐々に漆器の需要は減り、近年の職人や工房の減少は著しい。そんな中、職人の利益を上げる小さなお店を作っている。2018年に移住してきた筆者らは、最初に小さなふるもの屋を

開始した。空き家や土蔵の撤去、
身辺整理などの理由から廃棄され
る家具や生活雑貨などの「ふるも
の」を譲りうけ、空き家となって
いた古民家で月に1回販売してい
る。空き家を補強し風を通して維
持管理しながら、改修資金を集め
る利益性の薄い細々とした活動だ
が、地道で真摯に活動を続けてい
ると、さまざまな縁に恵まれる。
2021年には年間観光客数が約60
万人（2019年・コロナ前）の長
野県塩尻市奈良井宿の古民家で新

図6-4　筆者が重伝建・奈良井宿で営むセレクトシェア商店「土-とおいち」
資料：筆者撮影

店舗をしないかとの誘いを受ける。そこで、木曽平沢の漆職人、南木曽のろ
くろ職人、上松町の木工職人など、木曽という広域で地域を捉え、ブランディ
ングする店舗経営を始めている。

４．地域活性化の具体例、多様な観光のあり方

　人口減少が続く現代の日本社会では、限界集落や消滅集落が多く存在して
おり、地場産業の継続が難しくなっている地域は枚挙に暇がない。一方で、
そのような地域でも、地域の魅力に注目した観光業の展開や様々な挑戦も見
られる。ここでは、観光の変遷について考えていきたい。
　広辞苑によると、観光とは、「他の土地を視察すること、また、その風光
などを見物すること」とある。人々は、自分の知らない経験や美味しい食べ
物などを求めて、生活圏とは違う土地を訪れることで、非日常を楽しむので
ある。同時に、受入れる側の視点に立つと、観光というのは、地域外の資本
を獲得することができる重要な経済活動と捉えることができる。ここでは、
地域の魅力をより多くの人に知ってもらうための、様々な観光形態を紹介す
る。

（1）発地型観光（マスツーリズム）から着地型観光へ

　観光業は交通やインターネットの発展の影響を受けて変化してきた。高度経済成長以降、都市住民に向けたサービスとして観光が展開される。1970年代になると日本では団体旅行が主流となる。複数の観光地を巡ったり宴会が主目的となるなど、特定の地域を楽しむことを目的としていないのが特徴である。都市部の観光業者が主導するもので、都市部の出発地点に集まり、そこからバスや公共交通機関を使って目的地へ向かうツアー形式の観光のため、「発地型観光」と呼ばれる。地域側は、国道沿いなどにバスが乗り付けられる駐車場や店舗を設置し、大型バスによる大人数の観光を受入れてきた。

　その後、交通網とインターネットが発達した1990年代に入ると、個人やグループで直接目的地に向かう着地型観光が発達する。発地型観光と異なり、旅行者が自ら目的地やコースを決めるもので、より、個々人の好みに沿った観光が可能となる。さらに、SNSの普及により、個々人の情報収集はより容易になり、観光地の良さを自分で発信することが可能になった。

　選択される観光地も変化してきた。1980年代以降、各地にレジャー施設やリゾート施設、テーマパーク等が開発されたが、バブル崩壊後、大規模開発されたレジャー施設の維持管理は徐々に難しくなり、廃業となる施設も多く見られるようになってきた。近年では、観光形態としても、著名な観光地でお土産を購入する観光だけでなく、その地域ならではの経験や、地域の方との交流を楽しむ観光が好まれるようになっている。

（2）多様化する観光需要

　個人観光が増え、多様な需要が生まれる中、観光自体も変化してきた。明確な定義はないが、従来の物見遊山的な観光ではなく、テーマ性が強く、体験・交流の要素を取り入れた新しい観光は、ニューツーリズムと総称される。それらでは、地域に根付いた「自然」「生活文化」「歴史・伝統」「産業」等、これまで旅行の対象とされなかった地域資源が、新たな観光旅行の目的となってきている。ここでは、一例を紹介したい。

1) グリーンツーリズム

　グリーンツーリズムとは、農山漁村に滞在して農漁業体験を楽しみ、地域の人々との交流を図る観光を指す。1970年頃から収穫体験型の観光農業が徐々に普及し、観光農漁業が試みられてきたが、1994年のグリーンツーリズムの振興を支援する農山漁村余暇法や、2007年の観光立国推進基本計画などで、国策としても振興されてきた。農山漁村地域において自然、文化、人々との交流を楽しむ滞在型の余暇活動であり、農作業体験や農産物加工体験、農林漁家民泊などがこれに当たる。

　自然を相手にして恵みを享受する一次産業は、自然環境が変化してきた現代において、その継続が難しくなっている例もある。都市住民との関わりを作り間接的な利益を得るグリーンツーリズムは、今後も重要視されていくと考えている。

2) エコツーリズム

　2007年に制定されたエコツーリズム推進法によると、「観光旅行者が、自然観光資源について知識を有する者から案内又は助言を受け、当該自然観光資源の保護に配慮しつつ当該自然観光資源と触れ合い、これに関する知識および理解を深めるための活動」と定義されている。地元住民が自らの地域の価値を認識し、ガイドとなって観光客に伝える形態が多く、観光客もその地域を訪れた一員として自然環境や地域文化について学ぶ。エコツーリズムの実施に際しては、「フェノロジーカレンダー」という自然や文化、食生活などの四季の魅力を整理したカレンダーを地域で作成することが多く、エコツーリズムを通して地元民の地域愛が醸成される副次効果も大きい。

3) 文化観光

　文化施設を積極的に観光に展開させ、経済効果を文化振興に再投資することが目指され、2020年に「文化観光推進法」が施行された。文化施設は従来より観光資源とみなされてきたが、歴史的・文化的背景やストーリー性を考

慮した文化資源の魅力解説を重視し、来訪者の学びを深められるように、文化施設そのものの機能強化と地域と一体となった取組が進められている。

4）産業観光

　地域特有の産業に係るもの（工場、職人、製品など）や、昔の工場跡や産業発祥の地などの産業遺構を観光資源とする旅行も行われている。工場や職人というとイメージがつきにくいかもしれないが、規模の大きな産業だと日本の近代化産業遺産などが該当する。他方、小規模の生活に即した暮らしに欠かせないもの（日用品、家具、乗り物、機械・機具、楽器など）の生産工程現場なども該当する。稼働している工場の見学や行程の体験、産業の歴史文化の学習などが実施される。

5）ガストロノミーツーリズム

　近年、特に注目を集めているツーリズムに、食や食材や地域の伝統料理に特化したガストロノミーツーリズムが挙げられる。国連世界観光機関（UNWTO）は新型コロナウイルスによるパンデミック後、観光産業に向けて「ガストロノミーは食べ物以上のものです。それは、様々な人々の文化、遺産、伝統、共同体意識を反映しています。異文化間の理解を促進し、人々と伝統をより近づける方法です」と提言している。

　ワインの世界では「テロワールTerroir」というフランス語がよく使われる。「土地」を意味するこの単語は、「ブドウ樹をとりまく環境すべて（日照・気温・降水量などの気象条件、地質・水はけなどの土壌、地形、標高など）」を意味する。特定地域、特定の地区、固有のブドウ畑から造られるワインは特有の個性を表すと考えられており、美味しいワインは、美しい風景から作られると認識されている。欧州では、試飲などの味わいに加えて、その土地のテロワールを楽しむワインに関するガストロノミーも盛んに行われている。

6）ワーケーション

　働きながら旅行するワーケーションという旅行形態も注目を集めている。これは、Work（仕事）とVacation（休暇）を組み合わせた造語で、テレワーク等を活用し、普段の職場や自宅とは異なる場所で仕事をしつつ、自分の時間も過ごすことを指す。自然の中で仕事をすることで新たなアイデアが生まれたり、職場のチームワーク向上のための集団旅行なども行われている。また、勤務時間を過ぎたらすぐに自らの趣味の時間に没頭できるとのメリットもある。

7）ロングステイと他地域居住

　旅行の種類ではなく、期間でも特徴を見出すことができる。日本国内の主たる生活拠点以外で比較的長く（1週間以上）滞在したり、繰り返しその地域を訪れたりすることをロングステイと呼ぶ。その滞在地域の文化慣習を遵守しつつ地域文化とのふれあいや住民との交流を深めながら滞在するライフスタイルで、生活するように旅する。また、近年は、二地域居住なども注目を集めている。人口が減少する中、すべての地域で「定住人口」を増やすことはできない。都市住民が農山漁村などの地域にも同時に生活拠点を持つ「二地域居住」などのライフスタイルは、農山漁村の営みを継承する視点からも注目を集めている。

（3）インバウンドとオーバーツーリズム

　近年、訪日外国人旅行「インバウンド」への注目度も高い。2007年に観光立国推進基本法が制定され、翌年には観光庁が設置された。様々な振興策が取られた結果、2013年以降、急激に訪日外国人観光客数が増加する。ビザ要件の緩和や免税措置、円安などの影響もあり、2015年には1,973万人を超え、45年ぶりに訪日外国人旅行者数が日本人海外旅行者数を上回った。2019年には3,188万人の過去最高を記録している。新型コロナウイルス感染症拡大防止による渡航制限はあったものの、現在でも訪日外国人旅行者は多く、その

経済効果は大きい。

　コロナ前の2019年の観光統計によると、日本人国内旅行の1人1回当たり旅行支出（旅行単価）は37,355円/人、宿泊観光だと55,054円/人、日帰り観光だと17,334円/人であった。他方、訪日外国人国内旅行では、158,531円/人の旅行支出（旅行単価）となっている。日本人観光客数が5億8170人であり、まだまだ外国人国内旅行数としては少ないものの、一人当たりの観光単価は高く、様々なサービスの向上が求められている。インバウンド需要の高まりは様々な宿泊形態も生じさせることとなり、高所得者層をターゲットにしたラグジュアリーホテルと呼ばれる高級宿泊施設が都市部から地方まで、日本全国で増加傾向にある。また、食堂や銭湯など、街のストックを積極的に活用する「まちやど」などの宿泊形態も増加傾向にある。

　他方、多くの経済効果をうむインバウンドだが、課題も多い。世界的にも、オーバーツーリズムという状況が生じている。これは観光地が耐えられる以上の観光客が押し寄せる状況で、街中の人混みや交通渋滞、トイレの不足といったインフラの問題、騒音やゴミの問題、環境破壊、プライベートの侵害などの問題が顕在化している。行政による観光客数の増加や、日本全国の地域の魅力向上による観光客の分散を促すなど、具体の対策を着実に進めていく必要がある。

【推薦図書】
松浦晃一郎（2008）『世界遺産　ユネスコ事務局長は訴える』講談社
建築保全センター（2002）『公共建築物の保存・活用ガイドライン』大成出版社

（佐藤布武）

第7章

地方自治と地方分権

　地域の社会や経済において、住民に身近な地方自治体は重要な存在である。地方自治体が、自らの判断で様々な政策を行うことは、効率的性のためにも、また地方自治としても大きな意義がある。ただし、様々な政策分野において、地方自治体のみで行政サービスの提供を行なうことは少なく、国が定めた法律・制度や財政的な枠組みに基づいている。また、1990年代以降、地方分権改革が進み、国と地方の関係が変化してきた。平成の市町村合併や地方創生政策、ふるさと納税も国と地方の観点から考える必要がある。

　地域づくりに、大学での勉強・研究はどのように活かせるだろうか。政策を改善するために、評価指標を作成し、検証する仕組みづくりが進められている。政策評価手法の意義と限界を踏まえつつ、政策研究の方向を考える。

keywords：地方分権／地方交付税／地方創生政策／市町村合併／政策
　　　　　評価

1．地方自治体のしごと

　地域の社会や経済において、行政・政策が果たしている役割は大きく、特に、身近な主体である地方自治体（都道府県・市町村）は大切な存在である。例えば、地方自治体のしごとには、小学校・中学校などの教育分野、保育、介護などの身近な人に関わること、水道、ゴミ処理などの生活に関わること、警察、消防などの安全な暮らしに関わること、道路、橋などの社会インフラの整備、保健所の運営などがある。さらに、産業振興（農林水産業、観光業、商工業、サービス業）も行っている。

　また、地方自治体は、自分たちだけで様々な政策を行うのは難しく、国（中央政府）が定める法律・制度のもとで行動し、財政的な支援も得ている。

表7-1　国と地方との行政事務の分担

分野		公共資本	教育	福祉	その他
国		○高速自動車道 ○国道（指定区間） ○一般下線	○大学 ○私学助成（大学）	○社会保険 ○医師等免許 ○医薬品許可面鏡	○防衛 ○外交 ○通貨
地方	都道府県	○国道（国管理以外） ○都道府県道 ○一級河川（国管理以外） ○二級河川 ○港湾 ○公営住宅 ○市街化区域、調整区域決定	○高等学校・特別支援学校 ○小・中学校教員の給与・人事 ○私学助成（幼～高） ○公立大学（特定の県）	○生活保護（町村の区域） ○児童福祉 ○保健所	○警察 ○職業訓練
	市町村	○都道府県道 ○都道府県道	○小・中学校 ○幼稚園	○生活保護（市の区域） ○児童福祉 ○国民健康保険 ○介護保険 ○上水道 ○ごみ・し尿処理 ○保健所（特定の市）	○戸籍 ○住民基本台帳 ○消防

資料：総務省

　特に我が国は、国と地方が協働して実施する政策が多く、地方自治や地方分権を考える上でも、国との関係を考慮する必要がある。そして地方自治体は、企業や集落など、さまざまな組織・主体と関わりながら、行政サービスを提供している。

２．地方自治はなぜ大切か

（１）近接性の原理

　なぜ、地方自治体が必要なのであろうか。地方自治体はなくても、中央政府がすべての行政を行えばよいと感じる人もいるかもしれない。しかし、一つの国の中でも、地域によって文化・歴史や、経済状況、自然環境は異なり、全国一律の同じ政策では、うまくいかないことが多い。また、自分自身のこ

とは本人が一番よく分かっていることが多いことから、地域の政策はその地域の住民の意向にもとづいて行うことが最も効率的だとの考え方がある。そのため、原則として、最も住民に近い地方自治体（基礎自治体、日本の場合市町村）が優先して様々な政策を行った方が良い、と考える。これを近接性の原理（The principle of proximity）という。そのため、まずは基礎自治体である市町村が行うことを原則とし、市町村ではできないことを都道府県、都道府県ができないことを国（中央政府）が行う、と考える。これを、補完性の原理（The Principle of Subsidiarity）という。

　さらに、地方自治体が様々な政策を行うことは、より良い政策を社会全体として生み出すためにも重要である。多くの政策課題は複雑であるし、ICT化や産業振興、教育、福祉など、様々な分野で新しい政策課題が生まれている。そのために、どのような政策がどのような政策効果を生むかが、明らかでないことも多い。地方自治体がそれぞれの判断で各種の政策を行うことは、新しい政策アイディアを試す場としても貴重である。

（2）地方自治の本旨

　地方自治体が、自らの判断で様々な政策を行うことは、効率性や新しい政策を試す場としてだけでなく、民主主義の観点からも重要である。地方自治体は、国（中央政府）の下部組織ではなく、住民の見解に基づいて、自分自身で様々な判断、行為を行う主体であり、このことは、日本国憲法に定められている。憲法では、地方自治体（地方公共団体）は、「地方自治の本旨」に基づくとされる。この「地方自治」は、団体自治と住民自治の二つの要素からなる。団体自治は、地方自治体は、国（中央政府）から独立して、自分の意思と責任がある主体であることを意味する。住民自治は、地域住民の意思と責任のもとに、地方自治体が活動する、ことである。そのために都道府県知事・市町村長、都道府県議会、市町村議会の議員は選挙で選出される。また、国（中央政府）は、自身の下部組織のように、単に地方自治体に命令することはできない。

コラム 7-1　国や地方の呼び方について

　本章で国、地方自治体と呼ぶものは、英語ではCentral government, Local government、と呼ばれる。そのため、行政学・財政学では、それぞれ中央政府、地方政府と呼ぶこともある。ただし我が国では、中央政府のことは国、地方自治体のことは地方自治体、と呼ぶことが多い。そのため本章では、国（中央政府）、地方自治体と表記している。なお、地方自治体は、法律文書では地方公共団体、とも表記される。

　中央政府のことを「国」と呼ぶのはなぜだろうか。国（いわゆる国民国家）は、行政だけでなく、立法府や国民、民間団体から成り立っており、行政機関のみを指して国と呼ぶことは珍しい。また、行政のみとしても、全国に多数ある地方自治体を含めて行政は成り立っており、霞が関にある中央政府のみでできてはない。中央政府を国と呼ぶことは、歴史的に慣習として形成されてきたが、どのような意識の元、そのような慣習が生まれたかは、興味深い点である。

　また日本では、国民、領土、国語などに強固な共通性があり、国（日本という国民国家）という範囲、単位に疑問を覚えずに理解している人が多いかもしれない。国家は、統治機構がルールを定め、暴力（警察や軍隊）をもとに徴税し、政策を執行している。しかし、必ずしも、言語、文化、歴史、民族などが共通し、隣国と明確に区別できるとも限らない。国際的には、国の境界や、地方との関係は、緊張関係をはらむことも多く、日本も例外ではない。

3．中央と地方の関係

（1）地方自治とナショナルミニマム

　地方自治をもとにした地域の多様な発展と、国民としての最低限の保障（ナショナルミニマム）には、緊張関係がある。各地の個性を活かした地域づくりは、すべての地域で成功するとは限らない。一方で、どの地域に住んでいたとしても、国民として最低限享受できるサービスの水準も求められる。基礎自治体が提供するサービスは、教育、生活、社会インフラに密接に関わり、基本的人権として国として保障すべきと考えられるからである。

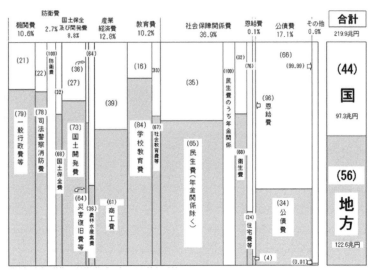

図7-1　国と地方の役割分担（2021年度）

資料：総務省

注：括弧内の数字は、目的別経費に占める、国および地方の割合。

　我が国は、地方に強い権限と責任を与えるような連邦制はとっていない。そのため、国が法制度においても財政においても、地方自治体による行政サービスの提供を保障する仕組みとなっている。

　図7-1は、分野ごとの国と地方の財政支出割合を示したものである。防衛費や年金については、国（中央政府）が全面的に負担・実施している。そのほかの、一般行政、国土開発、産業経済、農林水産業、民生（生活）、衛生費は、国（中央政府）と地方自治体のどちらも負担・実施している。

　地方自治体の財源は、一般財源と特定財源に分けられる。一般財源は、使途を地方自治体が自由に決められる財源であり、地方税と地方交付税からなる。地方税は、地方自治体の自主財源で、住民税、法人税、固定資産税、地方消費税、自動車税等である。地方交付税は、一般財源として国（中央政府）の予算から地方自治体の予算へと移転している。特定財源は、使途があらかじめ決められた財源であり、補助金、地方債等からなる。

　地域によって財源には大きな違いがあるため、多くの国で財政調整の仕組みが取り入れられている。財政調整とは、一般財源を地方自治体間で調整する仕組みのことで、我が国では地方交付税交付金制度がある。地方交付税は、その自治体で必要と思われる財政支出額と、想定される財政収入の差額を補填するものである。財源に乏しい農山村や規模の小さな地方自治体では、非常に重要な役割を果たしている。

（2）集権的分散システム

　国と地方の財政関係は、財政学・行政学では、政府間財政関係と言われ、様々な視点から整理される。

　A　集中－分散　実際の事務の実施・執行を行うのが、国（中央政府）か地方自治体か

　B　集権－分権　政府の活動の決定権限（税収・法的制限・指導・助言）が国（中央政府）にあるか地方自治体にあるか

　C　融合－分離　事務実施（A）や決定権限（B）の範囲が明確か（分離）、明確ではないか（融合）

　沼尾他（2023）は、我が国の政府間財政関係の特徴を、先進各国と比較している。一般政府部門のGDP比については、社会保障基金支出を除けば、日本は国（中央政府）の支出よりも地方自治体の支出の方がかなり大きい。また、日本は地方税収入が比較的少なく、財源移転の額がそれなりにある。これらから、日本は、実際の事務の実施・執行は地方自治体が相当程度行っている（A　分散）が、その決定権限は国（中央政府）にある事が多い（B　集権）とされ、「集権的分散システム」と呼ばれている。また、このような「集権的分散システム」が構築された背景には、そもそも事務実施（A）や決定権限（B）の範囲が明確ではなかった、つまり、Cの指標における融合という歴史的な経過がある。

4．地方分権と地域政策をめぐる動き

（1）地方分権改革

　1993年5月衆参両院における「地方分権の推進に関する決議」を契機として、地方分権改革が30年以上にわたり継続して進行している。地方分権改革は1980年代中葉に示された「増税無き財政再建」と「地域の自主性の強化」という方針のもとに進められてきた。

　国（中央政府）は、法令に基づく地方自治体への関与だけでなく、様々な許可権限、助言、勧告、資料の提出の要求等、法令に基づかない包括的な指揮監督権を有していた（これを機関委任事務という）。このような政府間財政関係は、行政責任明確化の原則や、地方団体優先の原則において問題があるとされ、地方分権改革が進められてきた。2000年には、地方分権一括法が施行され、機関委任事務制度（包括的な指揮監督権）は廃止され、国（中央政府）の関与が制限される「自治事務」と、法令により地方自治体に事務処理を義務づける「法定受託事務」へと事務区分が見直された。このように地方分権の流れはその後も続いているが、「集権的分散システム」の性格自体は依然として継続しているとされる。

（2）三位一体の改革

　2000年代には、地方分権一括法の施行による機関委任事務の廃止だけでなく、補助金の廃止・縮減と地方への税源移譲によって、地方自治体の自主財源拡充を図る税財政制度改革が期待された。一方でこの時期は、財政健全化のために政府部門のスリム化が提起されており、その手段として地方分権改革が進められた面も大きい。

　2002年の小泉政権下において、地方税、補助金、地方交付税の3つを一体的に改革する「三位一体の改革」が行われた。この改革により、2004～2006年度にかけて、国（中央政府）から地方自治体への税源移譲が約3兆円、補助金改革が約4.7兆円、地方交付税の削減が約5.1兆円行われた。補助金改

革では、約4.7兆円のうち、7,900億円はそれまでの支出内容の制限が強かった補助金からメニューが豊富である交付金となり、そのほか約3兆円分は税源移譲により一般財源化されたとし、残りの9,900億円は純粋な削減となった。地方交付税については、算定の簡素化とともに、総額が抑制された。自主財源に乏しい農村部の市町村にとっては、地方交付税の削減の影響が大きく、財政状況は悪化した。

（3）平成の市町村合併

　地方自治体は、経済圏や自然環境、歴史文化的な一体感などから、地理的な範囲が形成されてきた。ただし、その範囲は固定的ではなく、交通や通信技術の発展、人口の増減、行政サービスの効率化などの事情により、変更することもある。都道府県は、明治時代に府県制が制定されてから100年以上変更されていないが、市町村は、国（中央政府）の意向により大幅に合併が進む時期があった。昭和の大合併では、9,868市町村（1953年）が3,472市町村（1961年）になり、平成の大合併では、3,229市町村（1999年）が1,727市町村（2010年）となった。

　平成の大合併における、合併推進の目的は、基礎自治体である市町村が、幅広い行政サービスを行えるように専門的職員を配置することや、広域的観点からのまちづくり（観光や環境問題等）ができるためとされた。しかし、当時進められていた三位一体の改革と同様、国（中央政府）にとっての財政効率化の意図が強く、合併を通じた地方交付税の全国総額での削減や、職員数の減少が目指された。

　合併の推進に当たっては、国（中央政府）や都道府県による助言のほか、強力な財政誘導がなされた。例えば、市町村合併した場合に認められる合併特例債（合併した市町村にのみ認められる借金）は、返済の際に、その地方自治体への地方交付税が増額される仕組みであり、合併市町村は実質的には少ない負担で、庁舎の建て替えや学校、文化施設等の建設が可能となった。市町村合併の推進は、三位一体の改革の直後に特に強力に進められ、財政状

況が悪化した農村部の小規模な町村では、将来への危機感が強まっていたことから、多くの町村が合併への道を進むこととなった。市町村合併の影響により、合併市町村の周辺部（中心地から離れた地域）では、商店や経済の衰退が進展したとされている。また、住民の声が行政に届きづらくなることや、当初想定していたほどの行政の効率化は行われていないとの指摘もある。

（4）地方創生からデジタル田園都市国家構想へ

　地域政策をめぐっては、第二次安倍政権発足後、2014年度補正予算から実施されていた地方創生政策の動向も重要である。地方創生政策は、「地方消滅論」というセンセーショナルな言葉と危機感を元に、創設、実施された。2014年5月、日本創生会議の人口減少問題対応分科会は、人口動態がこのままの場合、20〜39歳女性人口が2010年から2040年に半減する自治体が全国に約半数存在すると試算し、この自治体名を消滅可能性自治体として公表した。日本創生会議は民間の組織であるが、座長を元岩手県知事・元総務大臣増田寛也氏が務め、政府とも連携していた。

　本政策の創設時の特徴は、①統一地方選挙対策も見据えた、国（中央政府）の強い意向によって創設されたこと、②事業内容およびKPI（重要業績評価指標・key performance indicator）を示す総合戦略と、将来の人口予想を行う人口ビジョンという計画が、国（中央政府）→都道府県→市町村の順に作成されること、③補正予算を活用することと、内閣府を中心に省庁横断的であることから、既存の事業省庁による事業とは別枠と捉えられること、④KPIによる細かい評価指標が求められること、⑤政府ともよく連携した民間団体による各自治体への厳しい試算が、政策形成の発端となっていたこと、である。

　創設当初は、新しい地方創生政策の交付金の活用と、その獲得のために、地方創生総合戦略および人口ビジョンを策定する側面が強かった。しかし、2016年度からは、国（中央政府）の地方創生政策の体系として、既存省庁の事業もカウントされている。そのこともあり、各自治体においても、地方創

生政策の交付金だけの利用だけでなく、対象となった既存省庁の事業や、地方創生のテーマと関わる様々な事業が、地方創生総合戦略として位置づけられることになった。

　地方創生政策については、すでにさまざまな懸念が指摘されている。例えば、政策策定の自由度、主体性については、①時間的余裕もない中で、住民参加よりも役場主導で行われたこと、②資料作成において十分な検討を経ずに、民間のコンサルタント会社への委託が多かったこと、③国が提供する枠組みを前向きかつ強かに活用した反面、交付金が使いづらくなり、国からのコントロールが強くなったことである。

　2020年度からは、第一期と同じく 5 年間の計画で第二期の地方創生政策が始まった。そこでは、新技術の活用や、関係人口の創出・拡大など、新しい方向性が打ち出された。しかし、第二期が開始した直後の2021年度、岸田政権によって、地方創生政策はデジタル田園都市国家構想へと変更され、ICT技術の活用、地球温暖化対策、が全面に出たものになった。ICT技術の活用、地球温暖化対策は、持続可能な社会を構築するために非常に重要な分野ではあるが、その推進方法について、地方創生政策の教訓が活かされているか、注目されている。地方創生政策では、地方自治体には、KPIによる検証の仕組みを導入されていたが、全国総体としての検証はあまり行われないまま、また理由も明確にされないまま、デジタル田園都市国家構想へと内容が変更された。このような政策変更は、地方創生政策が掲げた地方自治体による政策策定の主体性を重視したものか、疑問視する声もある。

コラム 7-2　ふるさと納税

　現在、多くの家庭では、ふるさと納税をしている。普段は食べないような高級食材をもらえる、素敵な制度だと思う学生も多いだろう。災害復興や地場産業の発展にむけて、ふるさと制度を活用している地方自治体が、たくさんある。しかし、地方財政学の立場からは、批判的に見られることが多い。この制度をどう捉えたら良いだろうか。

　農村部出身で都市に移った人の中には、出身地を支援したい人も多い。また、

出身地に限らずとも農村部の支援を行いたい都市住民は少なくない。そこで、総務省（国（中央政府））は、2008年度にふるさと納税の仕組みを創設した。「納税」と名乗っているが制度上の実態は「寄附」であり、現に居住する地方自治体への納税に代えて、任意の地方自治体に寄附を通じて「納税」するというものである。具体的には、自分の選んだ自治体に寄附（ふるさと納税）を行った場合に、寄附額のうち2,000円を越える部分について、所得税と住民税から原則として全額が控除される制度である。

　2010年には8万件、102億円（寄付額）の規模であったが、2021年には4,447万件、8,302億円へと、大きく拡大した。この理由は、消費者としては、返礼品を目当てに、ふるさと納税（寄附）を子なうことが「合理的」な行動だからである。いくつもあるふるさと納税の申し込みサイトでは、全国の返礼品が商品カタログのように並んである。農村部の市町村にとっては、ふるさと納税による財源確保は魅力的だ。返礼品に人気のある市町村では、一年あたり数十億円規模にのぼり、財政構造が変容している。

　一方で、ふるさと納税制度には、いくつかの課題が指摘されている。第一に、住民税は居住する地方自治体が行うサービスの受益に応じて負担するべきものである。本来、他の地方自治体への寄附は個人の自由意志であり、居住地地方自治体への納税義務を減じるものではない。ふるさと納税によって住民税が控除されるのは、税の応益性の原則、つまり受益と負担の関係を歪める。第二に、税収が減った居住地方自治体が、地方交付税が交付されている場合、減収額の75％が地方交付税により補填されることとなり、地方交付税制度にも悪影響がある。第三に、都市部の地方自治体では、税収が大幅に減り、財政構造に大きな影響が出ている。第四に、ふるさと納税を行った者は、税額控除と合わせて、寄附する前よりも資産が増えて、「利得」が生じることになる。特に、高所得世帯ほど高額の寄附を行うことで大きな「利得」を得られる一方で、住民税を納めていない低所得者は、このような「利得」とは無縁である。第五に、ふるさと納税を獲得したい地方自治体においては、本来の地域振興とは異なる、返礼品競争に駆り立てられてしまうことである。返礼品は、本来その地域にゆかりのあるものなどをお礼として送るもののはずだったが、寄附者に魅力を感じてもらうために、地域と関係ない様々な返礼品が編み出されていた。第六に、多くの職員が返礼品の探索、品揃え、交渉の業務に当たり、本来行うべき地域振興とは違う業務を行っている。また、出荷先として返礼品が多くなった経済主体は、ふるさと納税制度が変更した場合に安定的に販売できるか、不安視されている。

　総務省は、上記の課題を認識し、過度な返礼品競争には問題があるとして、「返礼品は地場産品」「返礼品にかかる費用を寄附額の一定割合以下にする」、などの改善を求めてきた。そのため、改善されている面も多いが、一方でふるさと納税はますます広がりを見せ、課題を抱えつつ、大きな産業として定着しつつある。

5．行政と多様な主体との関係

（1）様々な主体によるガバナンス

　これまで、地方自治体を中心に、とくに国（中央政府）と地方自治体との関係を軸として、地方行政をめぐる仕組みと動きをみてきた。しかし、行政サービスは、行政機関のみで行っているわけではない。民間の企業や市民、NPO法人、第三セクター（地方自治体と民間が出資した法人）や、自治会などの地縁的組織が深く関わっている。

　特に農山漁村においては、集落（地縁的組織）によって、の地域資源の維持（水路の掃除など）や防犯・防災活動、雪かき、冠婚葬祭などの行事が行われることが多く、これらによって生活基盤が維持されている。ただし、農山漁村の集落では、人口減少と高齢化が継続して進んできており、これらの機能がいつまで、どの程度維持されるか、不安視されている。

　そのような状況の中、他地域からの移住者（主に都市部住民）を受入れることで、集落機能を維持したり、新しい活動へとつなげる地域も出てきている。また、都市部住民の中には、農山漁村での生活に魅力を感じ、移住する人もいる。このような移住についても、国（中央政府）と地方自治体が連携して支援する仕組みとなっている。2009年に総務省が創設した地域おこし協力隊では、移住者が地域おこし協力隊員となり、各自治体の委嘱を受け、集落活動の支援や、地場産品の開発、農林水産業への従事などを行っている。地域おこし協力隊員にかかる費用は、地方交付税制度を通じて、その地方自治体の一般財源が増えるという財政措置がとられている。

　近年、数戸～数十戸程度の基礎集落ではなく、もうすこし広い小学校区程度の範囲において、生活課題を解決するためにさまざまな活動が生まれている。そこでは、都市部からの移住者が活躍することも少なくない。これらの新しい住民活動や、それらを支援する政策については、農業経済学、農村社会学だけでなく、農村計画学や地理学、行政学などさまざまな分野によって研究が進められている（一例として小田切（2022））。

（2）民間企業との協働

　行政サービスの提供は、民間企業との協働によっても多く行われている。特に、1990年代以降、PFI（Private-Finance-Initiative）や、指定管理者制度という手法により、それまで行政のみで行ってきた公共事業や公共施設の運営について、民間事業者の経営上のノウハウや技術的能力を活用する手法が広まった。厳しい財政状況の中での効率的なサービス提供や、公共施設や観光施設などサービスの質の面で、行政よりも民間企業の方が望ましいとの考えもあり、いくつかの成果もある。

　一方で、水道事業など生活の基本的なサービスについて、利益を優先した民間事業者が独占して行うことによる弊害やリスクもある。住民の必需品への提供を一社が独占する場合、価格を上げることが、経営としての「合理的行動」となってしまう。もちろん、あらかじめルールを定めることもできるが、民営化により行政が、そのサービス提供に関する専門的な知識・技術を失えば、行政側が交渉で弱い立場にならざるを得ない。実際、民営化による弊害も多く、世界的には基本的な社会インフラについては、再公営化される動きもある。

（3）住民参加

　地方自治体による政策については、憲法で定められている通り、議会議員や首長の選挙制度などにより基本的な民主主義の仕組みがある。しかし、専門化が進む現代社会においては、住民が政策に直接関わることは少なく、地方自治体の施策に自分たちの意見が取り入れられているという実感は大きくない。そのため、1990年代以降、政策決定過程への住民参加の仕組みが整えられてきた。パブリックコメント、情報公開制度などである。さらに、首長（市区村長）と住民との意見交換会が活発に行われている地域もある。

６．地域づくりに研究活動はどう関わるか

　より良い行政サービスの提供や地域づくりに、学問、研究活動はどのよう

に活かせるのであろうか。すぐに想像できるように、ある政策を「良い」「悪い」と判断することは簡単ではない。立場や考えによって、評価基準や価値観が異なることが多いからである。また、政策の目標は曖昧で抽象的な表現の場合も多く、検証、判断は難しい。さらに、政策の影響は、住民だけでなく、関連する団体・業者など、多岐にわたる。

　そのため、政策の意義や効果については、政策に関する行政資料は当然のこと、関係する住民、団体、業者の情報を幅広く調査することが重要である。多様な関係者を把握するには、webや質問紙を通じたアンケート（サーベイ）調査が有効である。ただし、意義や効果、課題について、何を把握すれば良いか、あらかじめ分かっていることは少ない。そのため、有効なアンケート調査を行うためには、事前に十分に資料を収集することや、該当者にインタビュー（ヒアリング）調査を行うことが大切である。また、アンケート調査では把握できない、細かい事柄や当事者の考えを深く理解するためや、学術的・社会的課題を発見するためにも、インタビュー調査は有効である。

　しかし、このようなアンケートやインタビューによる調査を行ったとしても、どのような政策がどのような効果を生むかを、正確に検証、試算することは容易ではない。また、行政としては、当初の目的どおりに政策が機能したと主張したいインセンティブがある（基本的には、自らの失敗を認めたくはない）ため、政策の改善点は、外部からはわかりにくいことが多い。そこで、政策の評価指標をあらかじめ数値で定め、その進捗度合いを政策評価の中心とする動きがある。このような評価指標による評価を経て、政策の改善につなげるのである。この評価指標は、近年ではKPIと呼ばれる。また、科学的証拠（エビデンス）に基づいた政策形成という考え方もあり、EBPM（Evidence-based Policy Making）と言われる。統計学、計量経済学の発展や、膨大なデータを入手・加工することが可能になったことにより、政策目標等について、原因と結果の関係を以前よりも厳密に検証する手法が構築された。そのため、政策評価の技術的可能性が高まり、EBPMが推進されている。

　ただし、KPIやEBPMの考え方、仕組みもまた、必ずしもうまく機能する

とは限らない。2000年代以降、地方自治体でも、国（中央政府）でも、政策評価やKPI、EBPMの導入が進められてきたが、行政職員からの評判も芳しくない。うまく機能しない理由として、例えば、政策目標に合致した指標を作ることが難しいこと、それにも関わらず、その数値目標の達成を担当部局は重視せざるを得ないこと、数値での正確な取りまとめに多大な労力がかかり本来やるべき業務に支障をきたすこと、あらかじめ達成しやすい指標を採用しがちであること、評価をする側もされる側も労力が過大で形式化・形骸化しがちなこと、等がある（杉谷（2022）、西出（2020））。このような、政策評価・EBPMの難しさを含め、政策の多様性や政策の決定メカニズム自体を対象とする学問として、公共政策学がある。

　統計学を駆使した因果推論は、政策を評価する上で、強力なツールである。ただし、上記のの限界もあることから、アンケートやインタビューによる調査や、公共政策学、さらには地域社会経済に関わる様々な学問の共働が望まれている。

【推薦図書】
秋吉貴雄・伊藤修一郎・北山俊哉（2020）『公共政策学の基礎　第3版』有斐閣
伊藤修一郎（2022）『政策リサーチ入門　増補版―仮説検証による問題解決の技法―』東京大学出版会
北山俊哉・稲継裕昭（2021）『テキストブック地方自治　第3版』東洋経済新報社
小田切徳美（2021）『農村政策の変貌―その軌跡と新たな構想―』農山漁村文化協会

（堀部篤）

第8章

農村と内発的発展論

　内発的発展の概念は、1970年代中頃に国連会議において、経済発展論のパラダイム転換を図る「もう一つの発展」として提起された。日本では、社会学者の鶴見和子によって用いられたことが起源とされる。日本の国土計画における農村は、三全総までは農村の都市化を目指した課題地域とされていたが、四全総以降は農村らしさを尊重した価値地域への転換が図られ、人口減少、高齢化が進行する中、農村の持続可能性化が実践課題となった。そうした背景とともに、近年、農村の外部の人材と連携した新しい（交流型）内発的発展論が示されている。
　この章では、農村を捉えるひとつの視点として、内発的発展論について学びながら、日本の農村の今後について考えてみよう。

keywords：外来型開発／内発的発展／新しい内発的発展論

1. 内発的発展論とはなにか

　発展における内発と外発とを最初に明確に区別したのは、アメリカの社会学者であるタルコット・パーソンズである。近代化の先発国であるイギリス、アメリカ、フランス、ドイツなどの西欧諸国が、自国の伝統と歴史的条件の中から、時間をかけてゆっくりと近代化のモデルを創り出したのに対し、後発国であるアジア、アフリカ、ラテン・アメリカ諸国は、先発国から手本を借り受けて、短期間に近代化を図った。このことを、先発国は内発的発展、後発国は外発的発展であると類型化した。

　発展とはなにか。『広辞苑』を引いてみると、「のびひろがること。展開。さかえゆくこと。」とある。内発的発展論が登場する少し前の1969年に、イギリスの開発経済学者ダドレー・シアズは、発展ということばをつぎのように定義した。「発展とは、すべての人間のパースナリティの可能性を実現することを目標とし、貧困と失業をなくし、所得分配と教育機会とを均等にすることである。」ブラジルの社会学者フェルナンド・H・カルドゾは、「発展

とは、〔外国への〕従属がより少なく、自国内で資本が蓄積され、自国内で工業をおこす活力がわきおこり、自力で経済成長を推進できる状態をいう。」とした。タイの著名な指導者であるスラック・シワラクは、仏教に基礎をおき、人間の欲望を少なくし、暴力を避け、物質よりも精神を発展させることと説いた（鶴見（1989））。

　これら内発的、外発的、そして、発展の意味をふまえながら、内発的発展論とはなにかを知ることから始めていこう。

（1）内発的発展論の起源

1）内発的発展論の背景

　内発的発展論は、1970年代中頃に、西洋の近代化をモデルにした画一的な近代化論への反論として示されるようになった。その背景には、第二次世界大戦後、世界における西欧ヘゲモニー文化の衰退（ヘゲモニーとは覇権のこと、特定の人物や集団が、確固たる権力や地位を長期間に亘って持つこと）、欧米の発展段階説的歴史観（例えば、アメリカの経済学者ウォルト・ホイットマン・ロストウが提唱した経済発展段階説では、伝統的社会→離陸の準備段階→離陸→成熟への前進段階→大量消費社会へと、一国の経済発展が共通の歴史的発展を経るとされていた）に対する批判から生まれた複数発展路線という問題提起、これら二つの歴史的条件があった。

　この頃、ローマクラブ（スイスの民間研究機関）が、発表した『成長の限界』（1972年）で、現在の人口増加や環境汚染などが続けば、100年以内に地球上の成長は限界に達すると警鐘を鳴らした。そして、同年に開催された「かけがえのない地球」をテーマにした国連人間環境会議（ストックホルム会議）などにより、こうした危機的状況が世界的に認識されるようになった。

　折しも、1972年から1973年にかけて世界的な異常気象が襲い、農作物は大きな被害を受け、穀物の国際価格は高騰し、世界は「食糧危機」に陥った。さらに、1973年のオイルショック（アラブ産油国の原油生産削減と価格の大幅引き上げが、石油を主なエネルギー資源とする先進工業諸国に与えた深刻

な経済的混乱のこと）が世界経済を大きな混乱に陥れた。

　このように、内発的発展論が登場した背景には、これまで無限のように捉えられてきた地球資源には限りがあり、人類の社会経済活動の見直しが必要とされる段階に来ていたことがあった。

２）内発的発展の登場

　そして、「内発的発展」という言葉は、スウェーデンのダグ・ハマーショルド財団が、1975年の国連経済総会での報告『なにをなすべきか』で、「もう一つの発展」という概念を提起し、「内発的」という言葉を用いたのが最初とされている。「もし、発展が、個人として、解放と自己展開を目指す人間の発展であるとするならば、このような発展は事実上、それぞれの社会の内部から発現するものでなければならない」とした。一般に、西欧における内発的発展論は、この「もう一つの発展」が原点とされている。

　同財団が1977年に出版した『もう一つの発展——いくつかのアプローチと戦略』において、「もう一つの発展」を①発展目標が、物質的・精神的な人間の基本的ニーズを充足することに向けられること、②内発的であること、③自立的であること、④生態的に健全であること、⑤経済社会構造の変化が必要であること、と説いた。

（２）内発的発展の特性

　日本の経済学者である西川潤は、上述したダグ・ハマーショルド財団に続いて、ユネスコ、国連大学、いくつかの研究機関や研究者がまとめた研究成果から、「内発的発展」の特性を次の４点に整理した（西川（1989））。

　1. 内発的発展は経済学のパラダイム（ある時代の人々の物の見方や考え方を支配する概念的な枠組み）転換を必要とし、経済人に代え、人間の全人的発展を究極の目的としている。

　　　イギリスの古典派経済学では、経済を動かす動因は、私利を追求する経済人（もっぱら経済的合理性のみに基づいて個人主義的に行動す

る人間像のこと）にあるとした。これに対して、1948年の世界人権宣言により、人権の実現は国内外の経済社会秩序と関連していることが明らかにされ、人権の実現または人間の基本的必要の充足が発展の目的でなければならないと、思考の流れが変わった。

2．内発的発展は他律的・支配的発展を否定し、分かち合い、人間解放など共生の社会づくりを指向する。

それまでの西欧諸国ら先進国による中心支配圏と発展途上国などの後進国による周辺従属圏の二分法による発展に対して、人間個々の相互依存関係と調和を重視した発展へと、向かうべき方向が変わった。

3．内発的発展の組織形態は参加、協同主義、自主管理等と関連している。

資本主義のように生産手段を所有する資本家が、生産手段を持たない労働者を使い利潤を作り出す社会システムによる生産関係とは異なる、生産の場での組織形態が、社会の運営・決定にたいして発言権をもつような経済社会形態を想定している。

4．内発的発展は地域分権と生態系重視に基づき、自立性と定常性を特徴としている。

国家、地域、都市、農村などのそれぞれのレベルで、地域的産業連関や地域内需給の形成による地域的発展、地域的共同性の創出をすることが、巨大開発や多国籍企業から地域のアイデンティティを守る経済的基盤となる。そして、内発的発展においては開発と保全のバランスによって、時間的にも空間的にも、住民共同体が限られた地球・地域の資源から利益を得て、自らと子々孫々にいたる豊かな生活を保障していくことが計られる。

２．日本における内発的発展諭の展開

（１）内発的発展の定義

日本では、1976年に社会学者の鶴見和子が、アメリカ社会学における近代化論を批判する論文において内発的発展という言葉を用いたのが始まりとさ

れる。まず、Developmentの意味について、「開発」とすれば他発性を、「発展」とすれば自発性の意味が付与されている点に留意しておこう。

　鶴見は内発的発展を次のように定義した。

　「内発的発展とは、目標において人類共通であり、目標達成への経路と、その目標を実現するであろう社会のモデルについては、多様性の富む社会変化の過程である。共通目標とは、地球上のすべての人々および集団が、衣・食・住・医療の基本的必要を充足し、それぞれの個人の人間としての可能性を十分に発現できる条件を創り出すことである。それは、現在の国内および国際間の格差を生み出す構造を、人々が協力して変革することを意味する。」

　「そこへ至る経路と、目標を実現する社会の姿、人々の暮らしの流儀とは、それぞれの地域の人々および集団が、固有の自然生態系に適合し、文化遺産（伝統）に基づいて、外来の知識・技術・制度などを照合しつつ、自律的に創出する。」

　「地球規模で内発的発展が展開されれば、それは多系的発展となる。そして、先発後発を問わず対等に、相互に手本交換することができる。」

　内発的発展の単位としての地域は、「土と水とに基いて定住者が生活を営む場所である」とし、「国家よりも小さい区域」であり、「規模が小さい」ことを重視した。その理由は、「住民自身が、その生活と発展との形を自ら決定することを可能性にするためである。単位が小さいことが、自治の条件だからである。」「地域とは、定住者と漂泊者と一時漂泊者とが、相互作用することによって、新しい共通の組紐を創り出す可能性を持った場所である」とした（鶴見（1989））。

　そして、「多様な発展の経路をきり拓くのは、キー・パースンとしての地域の小さな民である」とした（鶴見（1996）。「キー・パースン」とは、哲学者の市井三郎による造語であり、「発想的キー・パースン」と「実践的キー・パースン」の二種類に分類される。鶴見は、この市井のキー・パースンの概念を借用し、内発的発展の担い手として、指導者という表現を避け、あえて、「キー・パースン」という造語を用いている。

（2）内発的地域主義

　他方で、日本における内発的発展の源を、1973年に経済学者である玉野井芳郎によって提唱された「地域主義」とする捉え方もある。日本の地域開発における政策は、公共事業や補助金を導入し、産業活動の基盤を先行的に整えたところへ、企業を域外から誘致する「外来型開発」方式が支配的であった。この方式は、企業進出が進まない、公害被害が出るなど、深刻な地域問題を生み出した。こうした外来型開発の限界と問題点を克服する開発理論のひとつが、「地域主義」の考え方である。

　玉野井は、国が「上から」提唱し組織する「官製地域主義」と区別して、「地域に生きる生活者たちがその自然・歴史・風土を背景に、その地域社会または地域の共同体にたいして一体感をもち、経済自立性をふまえて、みずからの政治的・行政的自律性と文化的独自性を追求すること」を「内発的地域主義」と定義した（玉野井（1979））。

（3）地域開発と内発的発展

　そして、日本の戦後の地域開発を「外来型開発」と位置付けて一貫して批判し、地方自治による地域開発を探求したのが、内発的発展論のもう一人の中心的論者である経済学者の宮本憲一である。

　宮本は、日本の場合は、開発主体に問題があるとして、自治体、企業、NPOのような組織と、とくにそこに有能な「ひと」がいるかどうかが、鍵を握っているとした。

　そして、「地域の企業・労働組合・協同組合・NPO・住民組織などの団体や個人が自発的な学習により計画をたて、自主的な技術開発をもとにして、地域の環境を保全しつつ資源を合理的に利用し、その文化に根ざした経済発展をしながら、地方自治体の手で住民福祉を向上させていくような地域開発」を内発的発展とした。

　宮本の提唱する内発的発展は、外来型開発に対置されるものの、外来の資本や技術を拒否してはいない。過疎地の自治体ほど政府の補助金に依存せざ

るをえなくなっており、大都市圏や中央政府との関連を無視して地域が自立できるものではないとの認識に立っている。地域の企業・労働・協同組合などの組織・個人・自治体を主体とし、その自主的な決定と努力の上であれば、先進地域の資本や技術を補完的に導入することを認めている。

　そして、内発的発展の原則を次のように整理している（宮本（1989、2007））。

第一　地域開発が大企業や政府の事業としてではなく、地元の技術・産業・文化を土台にして、地域内の市場を主な対象として地域の住民が学習し計画し経営するものであること

第二　環境保全の枠の中で開発を考え、自然の保全や美しい街並みをつくるというアメニティを中心の目的とし、福祉や文化が向上するような、なによりも地元住民の人権の確立をもとめる総合的目的をもっていること

第三　産業開発を特定業種に限定せず複雑な産業部門にわたるようにして、付加価値があらゆる段階で地元に帰属するような地域産業関連をはかること

第四　住民参加の制度をつくり、自治体が住民の意思を体して、その計画にのるように資本や土地利用を規制しうる自治権をもつこと

　さらに、宮本による内発的発展の原則を、日本の農村を対象に具体化しようとしたのが、同じく経済学者の保母武彦である。保母は、内発的発展を進める上でのチェックポイントとして、(1) 完成度の高いグランドデザイン（大規模な事業などの、全体にわたる計画・構想）(2) 地域住民の理解（住民の参加による地域の自己決定権）、(3) リーダー、(4) 運営資金、の4点を挙げた（保母（1996））。

3．国土計画と内発的発展論

　ここからは、日本の農村を内発的発展論の観点から捉えてみよう。

　戦後日本の農村の地域開発は、1962年から始まった国土計画「全国総合開

発計画（通称「全総」1962年閣議決定)」によって進められた。その後、「新全総」1969年、「三全総」1977年、「四全総」1987年、「21世紀の国土のグランドデザイン（以下、「21GD」）1998年、そして、2008年からは「国土形成計画（第一次)」となり、「第二次」2015年、現在の「第三次」2023年へと続いている（**表8-1**参照)。

（1）外来型開発としての国土計画

　高度経済成長期における全総の「拠点開発方式（東京、大阪、名古屋の大規模な経済集積とそれ以外の地域の経済集積を関連させながら、中規模、小規模の拠点開発を進め、それぞれの影響の及ぶ範囲が拡大連結されて、やがてこれらが新たな経済圏を形成し、周辺の農林漁業にも好影響を及ぼしながら連鎖反応的に経済発展させること)」や新全総の「大規模開発プロジェクト構想（具体的には、高速道路や高速幹線鉄道、通信網など全国的なネットワークの整備と、大規模工業基地などの産業開発プロジェクト)」による地域開発は、新たな経済圏を創出し、その波及的効果が農村にも及ぶことを期待された。しかし、公害問題の発生や、「拠点」とするコンビーナートや周辺工業団地への企業誘致が進まないなど、効果が得られなかった。

　国土計画では、例えば、1964年工業整備特別地域整備促進法、1983年テクノポリス法などにより、工場を地方へ立地・分散を図る施策も継続的に実施されてきた。しかし、1985年のプラザ合意以降、円高ドル安化が進むと、日本の地方・農村に誘致された工場は次々と海外移転に向かっていった。

　そうした背景もあって、四全総では、リゾート法（1987年総合保養地域整備法）によって大規模リゾート施設（ホテル、ゴルフ場、スキー場）の建設規制が緩和されると、地方自治体は積極的にこれらの施設を誘致し、全国の農村に乱立することになった。しかし、バブル経済（投機によって生ずる、実態経済とかけはなれた相場や景気。日本では1980年代後半〜90年代初頭にかけて起こった地価・株価の高騰をいう）の崩壊に伴い、その多くが頓挫し、観光目的に開発された国立公園や森林、農地は放置され、荒廃してい

表8-1　国土計画の変遷

	全国総合開発計画（一全総）	新全国総合開発計画（新全総）	第三次全国総合開発計画（三全総）	第四次全国総合開発計画（四全総）	21世紀の国土のグランドデザイン	国土形成計画（全国計画）	第二次国土形成計画（全国計画）	第三次国土形成計画（全国計画）
根拠法	国土総合開発法					国土形成計画法		
内閣	池田勇人（2次）	佐藤栄作（2次）	福田赳夫	中曽根康弘（3次）	橋本龍太郎（2次）	福田康夫	安倍晋三（3次）	岸田文雄（2次）
閣議決定	昭和37年10月5日（1962年）	昭和44年5月30日（1969年）	昭和52年11月4日（1977年）	昭和62年6月30日（1987年）	平成10年3月31日（1998年）	平成20年7月4日（2008年）	平成27年8月14日（2015年）	令和5年7月28日（2023年）
目標年次	昭和45年	昭和60年	（概ね10年間）	概ね平成12年	平成22年から27年（2010～2015年）	（概ね10年間）	（概ね10年間）	（概ね10年間）
背景	1 高度成長経済への移行 2 過大都市問題、所得格差の拡大 3 所得倍増計画（太平洋ベルト地帯構想）	1 高度成長経済 2 人口、産業の大都市集中 3 情報化、国際化、技術革新の進展	1 安定成長経済 2 人口、産業の地方分散の兆し 3 国土資源、エネルギー等の有限性の顕在化	1 人口、諸機能の東京一極集中 2 産業構造の急速な変化等により、地方圏での雇用問題の深刻化 3 本格的国際化の進展	1 地球時代（地球環境問題、大競争、アジア諸国との交流）2 人口減少・高齢化時代 3 高度情報化時代	1 経済社会情勢の大転換（人口減少・高齢化、グローバル化、情報通信技術の発達等）	1 国土を取り巻く時代の潮流と課題（急激な人口減少、少子化、異次元の高齢化の進行、巨大災害の切迫等）2 国民の価値観の変化（ライフスタイルの多様化、安全・安心に対する国民意識の高まり）3 国土・地域の変化（低・未利用地、空き家の増加等）	1「時代の重大な岐路に立つ国土」2 地域の持続性、安全・安心を脅かすリスクの高まり（加速する人口減少と東京一極集中、少子化・高齢化、災害リスク、気候変動）3 激動する世界の中での日本の立ち位置の変化
基本目標	地域間の均衡ある発展	豊かな環境の創造	人間居住の総合的環境の整備	多極分散型国土の構築	多軸型国土構造形成の基礎づくり	多様な広域ブロックが自立的に発展する国土を構築、美しく暮らしやすい国土の形成	対流促進型国土の形成	新時代に地域力をつなぐ国土 ～列島を支える新たな地域・国土構造～
開発方式等	拠点開発方式	大規模開発プロジェクト構想	定住構想 ← 田園都市国家構想［大平正芳］	交流ネットワーク構想	参加と連携 5つの戦略（目標）	重層的かつ強靱な「コンパクト＋ネットワーク」	コンパクト＋ネットワーク	デジタルと共生でつくる持続可能な国土 重点テーマ

出典：国土交通省

る。「リゾート開発」は、自然環境ならびに地元産業へ大きな負の影響を及ぼした。

　これら四全総までの国土計画による農村振興施策を、宮本は「外来型開発」として批判した。

（2）開発から計画へ、国土計画の転換

　一方、高度経済成長によって加速した大都市への人口と産業の集中による農村の過疎化が三全総以降の農村の課題となった。三全総では定住構想（歴史的、伝統的文化に根ざして、自然環境、生活環境、生産環境の調和のとれた人間居住の総合的環境の形成を図り、大都市への人口と産業の集中を抑制する一方で地方を振興し、過密過疎に対処しながら新しい生活圏を確立すること）を打ち出し、全総、新全総による拠点開発方式から大都市の成長の抑制と地方の振興路線への転換を図った。四全総では交流ネットワーク構想が打ち出され、大規模なリゾート地域の整備もそのひとつであった。

　五次にあたる21GDでは、4つの戦略の筆頭に多自然居住が挙げられ、中小都市などの都市と中山間地域を含む周辺農山漁村が一体となった生活圏域を、21世紀の新たな生活様式を可能とする居住空間として位置付けた。この頃、日本は人口減少、高齢化社会の局面に入り、国土総合開発法から国土形成計画法へと名称が変更され、国中心、開発中心の国土計画からの転換が示された。六次にあたる国土形成計画からは、全国計画と広域地方計画の二層の計画制度となった。

（3）地域づくりと内発的発展

　国土計画において農村問題の位置づけは、三全総までは農村の都市化を目指した「格差」「均衡」問題を抱えた「課題地域」とされていたが、四全総以降は、農村らしさを尊重した「個性」や「自立」、「持続可能性」を有した「価値地域」への転換が計られた。農村では人口減少、高齢化が進行する中、その地域の価値の持続可能性化が実践的課題となっている。その一環として

農村部で生まれたのが「地域づくり」である。地域レベルで顕在化、体系化されたのは、1990年代中頃とされる。

　この「地域づくり」を、農政学者の小田切徳美は、「地域の新しい価値の上乗せを目的としながら、「主体（人材育成）」「場（コミュニティ再生）」「条件（経済再生）」の3要素を地域の状況に応じて、巧みに組み合わせる営み」であり、日本の現代農村における内発的発展論の実践例とした。なお、ここでの「地域の新しい価値」には、貨幣的な価値に限定されるものではなく、環境、文化、社会関係資本（ソーシャル・キャピタル：社会・地域における人々の信頼関係や結びつき）なども含まれる（小田切（2022））。

　G21を境に、全国計画では、社会背景に国民の価値観の変化・多様化が生じている状況が示されており、2023年から始まった第三次においては、地域の持続性、コロナ禍を経た暮らし方・働き方の変化（新たな地方・田園回帰の動き）を捉えた上で、地域を支える人材の確保・育成が謳われている。この点に留意しつつ、次節へ移ろう。

4．農村の今後

（1）新しい（交流型）内発的発展論

　さて、人口減少、高齢化が進行する日本の農村では、今後の展望を描く際の人材として、農村外部の人材の存在が重要視されるようになった。そこで近年、注目されるのが、「関係人口（移住した「定住人口」でもなく、観光で訪れる単なる「交流人口」でもない、特定の地域に継続的な形で関わる人のこと）」の存在である。関わりの深度から示すと、①地域特産品の継続的な購入者→②地域への寄付（ふるさと納税など）→③頻繁な訪問→④二拠点居住などが、一例として挙げられる。最近は、20代を中心とする若者世代が多数を占めるとされる「田園回帰（過疎地域において都市部からの人の移住・定住の動きが活発化している現象）」志向の都市住民の動向が注目されている。

　鶴見は、「内発的発展の単位としての地域は、土と水とに基づいて定住者

が生活を営む場所である」とし、「地域とは、定住者と漂泊者と一時漂泊者とが、相互作用することによって、新しい共通の組紐を創り出す可能性を持った場所である」とした。（再掲　鶴見（1989））

　保母は「内発的発展論は、地域内の資源、技術、産業、人材などを活かして、産業や文化の振興、景観形成などを自律的に進めることを基本とするが、地域内だけに閉じこもることは想定してない」と指摘している（保母（1996））。

　そこで、外部の人材との連携による内発的発展論について、小田切による農村をめぐる４つの地域ビジョン（**図8-1**）を参考に見てみよう（小田切（2018））。

　図のA、B、Cの分岐点の先に、以下の４つの方向性が示されている。

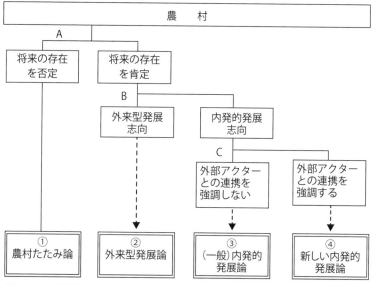

図8-1　農村をめぐる地域ビジョンの位置づけ

出典：小田切徳美「第１章農村ビジョンと内発的発展論－本書の課題」小田切徳美・
　　橋口卓也（2018）『内発的農村発展論：理論と実践』農林統計出版より引用

①農村たたみ論

　農村・特に過疎農山村（離島を含む）に居住することを国民経済的に非効率として、それを批判・否定するビジョン

②外来型発展論

　国土計画によって推進された拠点開発方式に代表される、非農林業の発展に誘発される発展、そして、地域外の拠点に依存する発展論

③（一般形）内発的発展論

　「主体」「場」「条件」の三要素を地域の状況に応じて、巧みに組み合わせる営み、地域づくり

④新しい（交流型）内発的発展論

　外と開かれた交流が地域の内発性を強める。交流を内発性のエネルギーとする新しい内発的発展論

　④の「外と開かれた交流」には、「交流の『鏡』効果（機能）」を見ることができる。都市農村交流の現場において、都市住民が農村空間や農村生活、農林産物と地元料理、実際の農作業などに触れて感動する姿を通じて、受入れ側の農村住民が自らの地域や暮らしの豊かさに気付かされ、再評価に繋がる例は少なくない。交流を通じた地域づくりに取り組んでいる農村の方向性として、交流を内発性のエネルギーとする新しい内発的発展（交流型内発的発展論）と位置付けることも可能だろう。

　なお、新しい内発的発展論は、欧州、特に英国でもみられる。「外部からの影響（グローバリゼーション、外部との交易、政府やEUからの働きかけ）を排除した、自律的な農村地域の社会経済的発展という考え方は確かに理想的ではあるが、現代のヨーロッパでは実用的な提案ではない。いかなる地域も外来的な力と内発的な力は併存しており、地元と外部の相互作用は地域レベルでは必然だからである。そこで、重要となるのは、こうした広範なプロセス、資源、行動を自分たちで操縦することができるように、どのようにして地域自ら能力を高めていくかにある。これがネオ内発的発展論という考え方である。そのポイントは、地元とそれよりも広い範囲に及ぶ政治的、

制度的、交易的、自然的な各種の環境とダイナミックに相互作用する関係の構築であり、そうした相互作用をいかにして仲介するかにある。」（安藤・フィリップロウ（2012））

　以上、人口減少化における農村の活路を外部の人材との連携に求めた、新しい内発的発展論について紹介した。

（2）農村の今後

　「外と開かれた交流」は、農村が外部から交流の対象として選ばれることを前提としている。それは、農村らしさを商品化し、選択され、消費されるということでもある。このことを「開発」と捉えるか、「発展」と捉えるか、注意深くあらなければならない。

　農村がここまで疲弊した根本にある、農業と他産業の産業間格差や都市と地方の地域間格差を認識した上で、農村の今後に求められる「内発的」な「発展」とは何か、考えてみよう。

＊　＊　＊　＊　＊

　2015年国連総会で「持続可能な開発目標Sustainable Development Goals、略称：SDGs（エスディージーズ））」が全会一致で採択された。17の国際目標は、1972年に発表された『成長の限界』に遡ることができる。そして、「もう一つの発展」として登場した内発的発展論も、これらと同線状にある。その後、1987年のブルントラント・レポートにおいて、「持続可能な開発」という考え方が提唱された。1992年の地球サミットや1995年の世界社会開発サミットを経て、貧困や環境課題、ジェンダーなどの地球課題への取組を明確に示した2000年のミレニアム開発目標、そして、2015年の持続可能な開発目標へと引き継がれている。

【推薦図書】
小田切徳美編（2022）『新しい地域をつくる-持続的農村発展論』岩波書店

（諸藤享子）

第9章

協同組合とは

近年、様々な「協同組合」が地域づくりの主体として注目を浴びている。では、「協同組合」とはどのような組織なのか。生活協同組合は小売店舗を持って株式会社であるスーパーマーケットと一見似たような経済活動を行っている。信用金庫は銀行が行っている業務と同様の経済活動を行っているようにみえるが、その目的や運営方式は株式会社とは全く異なる。

本章では、協同組合とはどのような組織なのか、どうやって設立されたのか、現在どのように発展しているのかについてみていく。

keywords：協同組合／ロッチデール／協業／地域づくり／担い手

1．協同組合の仕組み

まず、協同組合とはどのような組織なのか。協同組合と同様に、経済活動を行うために設立される株式会社と比較しながらその特徴を整理する。

株式会社とは、株式を発行することで資本を証券化し、資本を多くの人から集め、集めた資本で事業を行う組織である。事業に必要な資本を効率的に集めることができるという特徴がある。これに対し、協同組合は、生活や経済活動を行う上で課題や困難を抱えた個人／事業者が自主的に集まって、その課題を共同で解決するために、互いに出資し、営利を目的としない事業を共同で運営するための組織である。株式会社は会社法を根拠に設立されるが、協同組合設立のためには協同組合法に合致した要件を満たす必要がある。以下で詳しく見てみる。

（1）事業の目的

株式会社の設立目的は利潤の追求、または事業によって得られた利益を株主に還元すること（営利目的）である。この目的を達成するために顧客を満

足されることは必要だが、最終的な目的ではない。これに対し、協同組合は組合員の生産と生活を守り向上させること、組合員の経済的・社会的地位の向上（非営利）が設立目的となる。組合員自身が、協同組合の事業を利用することで、自身が行っている事業や会社の経営や生活に役立てることが重要で、協同組合運営の最終的な目的は、事業の利用者である組合員のニーズを実現させることである。

（2）事業運営と利用者との関係

　株式会社が行う事業の利用者は、提供される財やサービスによって利用できる人が限定される場合もあるが、基本的には不特定で、誰でも利用できる。これに対して、協同組合が行う事業は、組合員の利益のために行われるため、利用するためには組合員になる必要がある。

（3）事業運営と意思決定

　株式会社の運営は、出資者である株主の意向によって任命された経営者によって行われる。株主の意向を事業運営に反映されるための仕組みである株主総会では、1株1票制がとられ、資本金を多く出資している人ほど、強い発言権を持つ。これに対して協同組合は、組合員からの出資をもとに事業を行うが、全組合員による総会（組合員数が多い場合、代表者が参加する総代会の場合もある）で、運営の方向が示される。総会では、出資金額に関係なく、すべての組合員が1人1票の参画権を持つ。また、実際の運営も、組合員の中から代表者（理事）を選出して行う。経済状況の有無に関わらず、すべての組合員が平等に運営に参画することができる、民主的な運営方法がとられる。

　協同組合は、事業の運営、事業の利用、組織の所有（出資者）がすべて組合員（三位一体）となっていることも大きな特徴である。

（4）利益（剰余金）の分配

　株式会社は利益を生むことを目的としているが、得られた利益は株主に分配される。この時の分配方式は、投じられた資本の量（株数）によって決定される。1株当たりの配当が決定され、株式を多く保有している人ほど、多くの配当を得ることができる（出資高配当）。

　それに対して、協同組合の利益の配分方法は、「利用高配当」が基本である。協同組合が行う事業への参加の程度や、事業の利用の程度によって配当が決定される。つまり、協同組合の事業をたくさん利用した人が多く配当を得ることができる。

（5）権利の売買・譲渡

　株式は、会社法で自由に売買・譲渡できることが定められている。一方で、協同組合の出資証券は、売買・譲渡は認められていない[1]。協同組合は、出資し、事業の運営に参画し、事業を利用することで組合員となるため、出資だけでなく参画・利用に対する個人（または事業者）の意思が必要となるためである。協同組合では、一定期間事業を利用していない組合員や組合員が死亡した場合は「脱退」とすることが規定されている。

2．協同組合の歴史

　では、協同組合はどのようにして誕生したのか。その歴史は、今から約200年前、産業革命後までさかのぼる。本節では、協同組合運動展開の歴史を概観する。

（1）ロッチデール先駆者協同組合

　産業革命後のイギリスでは、資本家が工場経営を行って富を増やす一方で、労働者は劣悪な労働環境下に置かれていた。生活に必要なものを購入することができないという困難に直面する中で、労働者が生活必需品を、安定的に妥当な値段で得るためにつくられたのが、消費者協同組合である。

　消費者協同組合の代表的な組織で、生活協同組合の基礎となった組合が、この時期に誕生したロッチデール先駆者協同組合である。ロッチデール先駆者協同組合は、恐慌で失業者が増加していた1844年、マンチェスター郊外にあるロッチデールという小さな町で誕生した。28人の先駆者が1ポンドずつを出し合って作った協同組合と言われている。はじめは古い倉庫を借りて、生活必需品であるパンやバター、小麦やオートミールのみを、月曜日と土曜日の晩だけ販売していたが、活動開始から数年で協同組合の製粉所を開設し、やがて店舗が毎日開店できるようになった。さらにその数年後には会議室や図書室を持つ店舗を新設できるにまで拡大したと言われている。

　この組合は、①組合の店舗をつくり、良質な日用品や衣類を安く購入できるようにする、②組合員のための住居を立てて生活環境を改善する、③組合員に失業者が出ても食べていけるように食品製造業を生み出す、④組合員の利益や安全を守るために耕せる土地を買ったり売ったりする、⑤組合員の為の生産・分配・教育・自治等を行う機関を整える、という活動目標を掲げていた。ロッチデール先駆者協同組合が安定した基礎を築くことができた最大の理由に、「ロッチデール原則」と呼ばれる規約を持っていたことが知られている。その原則とは、①加入・脱退の自由：情報を公開し、誰でも会員になることができ、いつでも脱退できる。②民主的運営の原則：一人一票を原則とする。③出資配当の制限：余剰金が出たら、出資金額ではなく、組合の事業を利用した金額に比例して組合員に還元する。④利子制限の原則：出資金に不当な利子をつけない。⑤政治・宗教的中立の原則。⑥教育活動推進の原則。の6つである。この原則は時代によって修正されながら、後述するように、「協同組合原則」として今に受け継がれている。

（2）ロバート・オウエンの思想と活動

　こうした協同組合運動展開の背景に、ロバート・オウエン（1971-1858）の思想がある。オウエンは、産業革命後の混乱にあったスコットランドのニュー・ラナークという町で紡績工場を買い取り、労働者の生活・経済状況

の向上に尽力した人物である。オウエンは、経営者として工場の利益を上げるだけでなく、そこで働く労働者とその家族の生活全般の改善を試みた。生活を一部共同化することで生活費を削減し、インセンティブによる生産性の向上ではなく、労働環境や教育を変えることで意識改革をはかり、給料を上げずに生活の質を高めることを目標とした。具体的に、地域に学校や託児所、協働の炊事場と食堂、学習室、健康的な住宅などを設置し、日用品を一定人数分の注文をまとめて大量に仕入れ、ほとんど原価で販売する小売店舗を建設した。その後、共同購入を行う小売店舗の運営方法が、のちに消費者協同組合運動の原型となったため、オウエンは協同組合運動の父と呼ばれている。

（3）国際協同組合同盟

　ロッチデール先駆者協同組合設立後、協同組合は欧州だけでなく、世界各地で設立がすすんだ。1895年、国際協同組合同盟（International Cooperative Alliance：以下ICA）が設立され、同年8月にロンドンで1回目の会議が開かれた。これにより、世界的なレベルでの協同組合運動が本格的に実施されることとなった。ICAの本部は現在ベルギーの首都ブリュッセルに置かれ、世界107か国から310団体が加入している（2023年現在）。

　ICAは、専門的な知識と協同活動に関する話し合いの場を提供し、協同組合の理念や組織による利益を普及させることを目的に組織されている。具体的に、①ICAの加入団体である協同組合が行っている事業同士の連携促進、②地域的、国際的なイベント等を開催し、協同組合間の交流を図ることで多様性創出、③事業や運営に関する知識、経験、ノウハウを伝えることで協同組合活動の円滑化を支援、④協同組合運動を支援する組織と協力し、研修、イベントの開催、等を行っている。

　加えて、ICAの重要な役割の一つに、先述のロッチデール先駆者協同組合が定めた協同組合原則を世界共通の原則として協議し、確定されることがある。協同組合原則は、時代によって少しずつ修正されながら、現在は1995年、マンチェスターで開かれた31回大会で策定された「協同組合のアイデンティ

ティに関するICA声明」に示されている。この中では、協同組合の「定義」
が示され、続いて「価値」と「原則」が示されている。

3．協同組合の現状

（1）協同組合の組織

　ICAによると、2023年現在、世界では約300万の協同組合が組織されてお
り、世界の全人類の12％に当たる人が何らかの協同組合に加入している。世
界の協同組合のうち、経済規模規模上位300組合の年間の売上は、2,146億ド
ルとなっている。また、協同組合は持続可能な成長と経済の安定性に寄与し
ており、世界の2億8,000万人に対して労働の機会を提供している。これは、
世界の労働人口の10％に当たる。

　日本協同組合連携機構（JCA）の統計によると日本国内の協同組合は、
39,895組合が組織されている（2020年度）。これに加えて連合会組織が1,344
連合会あるため、合計で41,239組織となり、これは、国内の法人総数3,856,457
法人のおよそ1.1％にあたる。これらの組合に加入している組合員は、のべ
1億706万人となる。

　協同組合の種類については次で詳しく見るが、日本に存在する協同組合の
87.5％にあたる34,893組合が中小企業等組合となっている。次に多いのが水
産協同組合の1,692組合（4.2％）、農業協同組合1,136組合（2.8％）、生活協同
組合793組合（2.0％）、森林組合613組合（1.5％）、労働者協同組合356組合
（0.9％）、信用金庫254組合（0.6％）、信用組合145組合（0.4％）、労働金庫13
組合（0.0％）となっている（**図9-1**）。

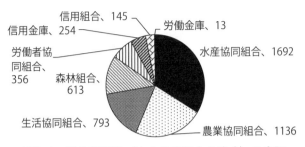

図9-1　単位組織数（中小企業組合を除く）の内訳

資料：『協同組合統計表』（一社）日本協同組合連携機構（2020）

（2）様々な協同組合

1）農業協同組合

　農業協同組合（Japan Agricultural Cooperative：JA）は、農業生産者が加入することができる協同組合である。日本では地域ごとに組織されており、農業者が正組合員として加入できるのに対し、農業を支える地域住民も准組合員として組合員になることができる。農協は、農業者が農業生産をするため必要な営農関連事業と、農業者が生活のために必要な生活事業の両方の事業を行っている（10章参照）。

2）漁業協同組合

　漁業協同組合（Japan Fisheries cooperatives：JF）は、漁業者により構成される協同組合で、水産業協同組合法（1948年制定）に基づき組織される。JFは、JAや生協と同様に、漁民の経済的社会的地位の向上のための経済活動（魚介類の共同販売、漁具や燃料など漁業に必要な資材の共同購入、信用・共催事業（マリンバンク））を行うと同時に、漁業権の管理を行う主体としても機能している。水産資源を「守りながら利用」するために、海ゴミ問題に対処したり、藻場の保護を行っているほか、海での活動以外にも森林組合と連携することで植林活動等も行われている。

　JFは、地域ごとに組織される地区漁協と、業種別に組織される業種別漁協があり、2023年現在2,072組合が組織されている。内訳は、地区漁協が沿岸部（861組合）と内水面（637組合）併せて1,498組合で、全体の72.3％を占めている。そのほか、業種別漁業協同組合が84組合（4.1％）、業種別漁業生産組合が401組合（19.4％）、水産物加工組合が89組合（4.3％）となっている。准組合員を含めると、全国に約27万人の組合員がいる。

3）森林組合

　農業協同組合が農業生産者の組合、漁業協同組合が漁業者の組合であるが、森林組合は林産物生産者の組合ではなく、森林所有者が組織する組合である。森林組合の主な事業は、森林整備事業（苗木の植栽や下草刈りなど）で、組合員から受託して実施する。この他に、森林経営指導や、木材や特用林産物（きのこ類等）の生産・販売、木材の加工等を行っている。森林組合は、全国の森林の5割以上の整備を受託しており、森を守る大切な役割を担っている。2022年現在、全国に610の組合があり、組合員数は149万人となっている。組合員の大半は農家で、農協にも加入している組合員が多い。組合員が所有する森林面積は1,056万haで、国有林・都道府県有隣を除いた全国の森林面積の65％にあたる。

4）消費生活協同組合（生協）

　生活協同組合は、消費者が組織する協同組合である。生協の主な事業は食料・生活用品の共同購入と店舗販売だが、その他に生命、火災等共済事業や、医療・福祉施設共同利用事業などを行っている組合がある。隣接する居住地域で組織される「地域生協」、同じ職場で働く人たちで組織される「職域生協」、同じ大学内で学ぶ学生と教職員が加入する「大学生協」、地域住民が出資し合って医療施設を設立し、共同で利用する「医療生協」などがある。

　2022年現在、全国に830組合があり[2]、556組合が購買生協（67.0％）、140生協（16.9％）が共済生協、131生協（15.8％）が医療・福祉生協となってい

る（**図9-2**）。組合員は6,889万人で、組合員の割合では共済生協組合員者が約3,859万人（57％）と最も多くなっている。次いで購買生協組合員がおよそ2,730万人で全体の39％を占めており、医療福祉生協の加入者は297万人（4％）となっている（**図9-3**）。

　日本の生協は、戦後の食料難のため、自ら食料を確保するために設立され、その後「消費者生活協同組合法」が制定されたことによって、町内会単位で組織化が進んだ。日本の生協運動は1960年代の高度経済成長期、農業の工業化と食と農の乖離が進んだことで、他国の生協と異なる展開を見せる。食の安心・安全を求めるホワイトカラー主婦層の活動の場となり、地域生協が設立され、班やグループを組織して「共同購入」を行う形式が定着した。生協を通じて、安全なものを求める都市の主婦たちと産地の生産者の交流が活発化した。しかし、その後、1990年代以降、生協は事業連合が多数組織され、生協の合併と大規模化が進み、共同購入もグループより個別宅に配送する個配や店舗販売が主流となっていった。1960〜70年代、生協は消費者の活動の場としての重要であったが、現在は活動の場から買い物をする場所へと変容している。組合員の特徴として、環境や子育て、産地交流などへの活動の関心は薄れ、自力で買い物に行くことが困難な高齢者の割合が増加し、核家族から独居世帯の加入が増加している。

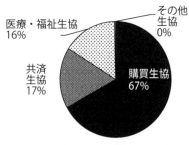

図9-2　事業別生協数（2022）

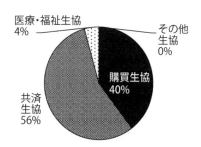

図9-3　事業別生協組合員数（2022年）

出所：消費生活協同組合（連合会）実態調査（厚生労働省）

　このように組織や構成員は変容しつつあるが、今でも消費者のために安全な食を届けるという役割自体は変化しておらず、生協は生産者と消費者をむすぶために様々な活動を継続しいる。組合員のニーズを把握し、組合員とともにプライベート・ブランドであるコープ商品の開発を行い、生産者との交流、農業体験、料理教室などを開催、環境保護活動やフードロス問題への取組などを強化している。このほかに、組合員同士の助け合い運動やサークル活動を支援することで、地域社会づくりの一助となっている。

　全国生活協同組合連合会の調べによると、地域生協117組合の供給（売上）高は2兆9,927億円で、うち宅配供給高は2兆899億円となっており、購買事業の69.8％を配送事業が占めている。そのうち、個配は1兆5,755億円で、全供給高の52.6％、宅配供給高の75.4％を占めており、生協購買事業の主力は個配となっている。宅配以外に、921店舗で販売が行われており、全世帯に占める生協加入率は39.2％にのぼる（**表9-1**）。

表9-1　地域生協（117生協）の概要（2022年度）

	単位	値
組合員数	1,000人	23,631
総事業高	百万円	3,117,681
供給高	百万円	2,992,792
店舗事業供給高	百万円	915,369
宅配事業供給高	百万円	2,089,938
うち個配事業高	百万円	1,575,504
組合員一人当たり月利用高	円	11,068
組合員出資金	円	788,136
組合員一人当たり出資金	円	33,456
店舗数	店	921
売り場面積	㎡	1,277,574
正規役職員数	人	29,999
世帯加入率	％	39.2

出所：全国生活協同組合連合会HPより筆者作成
注：1）全国生活協同組合連合会に加入している生協のみ
　　2）世帯加入率は、組合員数を「住民基本台帳に基づく世帯数
　　　（総務省）」で除したもの。

5）労働者協同組合（ワーカーズコープ）

　労働者協同組合は、働く人が出資し、加入する協同組合である。通常、労働者は事業を行う雇用者と労働契約を結ぶ。しかし、労働者協同組合は、労働者自らが出資し、事業運営に対し労働者自らの意見を反映させ、さらに自らの労働力でその事業に従事する。雇用契約を結ばないため、多様な働き方が可能で、特に地域課題の解決のための選択肢の一つとして注目されている。

　以前から労働者協同組合に類似する組織は存在し、活動が行われてきたが、日本では根拠法がなかったため、協同組合ではなく株式会社やNPO法人など、異なる法人形態で組織されてきた。2022年10月に労働者協同組合法が施行されたことで、正式に協同組合として組織できるようになった。

　厚生労働省の統計によると、2023年10月現在、1都1道1府21県で60組合が設立されている。このうち、51組合が労働者協同組合法制定後の新規設立で、9組合は企業組合、NPO法人からの組織変更だった。ワーカーズコープ連合会は、加入団体の事業規模を372億円（2021年）と発表している。内訳は「介護・福祉関連」「子育て関連」が約3分の1ずつを占め、残り1割は総合建物管理、公共施設管理、若者・困窮者支援、協同組合間提携事業（主に物流事業）である。このように、労働者協同組合が設立される主な分野として、高齢者会議、葬祭業、生活困窮者支援、家事代行、子育て支援、障がい者福祉などがあり、地域で課題となっているが担い手の確保が難しい領域への解決の糸口となっていることがわかる。実際にワーカーズコープ連合会では、「地域づくりを仕事にしませんか」という声かけで、労働者協同組合の設立を促している（第11章4参照）。

6）中小企業の協同組合

　中小企業組合は、中小企業が出資して組織され、共同事業を行い、組合員が自らの事業に役立てていくための組合で、経済事業を行うために必要な組織と、業界の改善発達をはかるために必要な組織に大別できる。様々な種類があるが、主なものに、中小企業が個々では対応できない課題に対して、相

互扶助的に共同で事業を行うことにより、経営上の諸課題を解決しようとする「事業協同組合」、4人以上の個人が資本と労働力を持ち寄り、一つの企業体となって事業活動を行う「企業組合」、中小企業や勤労者に対して、預金の受入および資金の貸し付け等を行う「信用協同組合」、中小企業者が従来から営んでいた事業の全部または一部を組合に統合（協業）することにより、経営規模の適正化、生活水準の向上、設備や経営の近代化、合理化を進めることを目的に設立される「協業組合」、業界全体の改善・発展を図ることを目的とする同業者による組合である「商工組合」、商店街を中心として設立する「商店街振興組合」、飲食、美容、利用、旅館、公衆浴場、クリーニング等、生活衛生に関係の深い業種の事業者によって組織される「生活衛生同業組合」などがある。

4．地域社会経済と協同組合

　株式会社は資本を集め、経済活動を行う上で効率的な組織だが、利益を生むことが組織の目的であるため、利益が発生しない事業には参入しないし、採算が取れなくなった事業からは撤退せざるを得ない。しかし、私たちの生活を支える生産や交易などの経済活動は、もともと営利目的でなく生活上必要とされているから行われている場合も多い。また、高齢化、少子化の中で、特に農村部、島しょ部等において、介護や子育て支援、障がい者支援、地域づくりなど、新しく様々な地域課題が発生している。必ずしも経済的な富を生みだすことだけを目的とせず、人々が健康で文化的な生活を営み、住み続けるための環境と文化を維持する上で必要とされる事業・サービスは無数に存在する。協同組合は、組合員（例えば地域住民）のニーズを実現することが目的であるため、地域単位の、小規模で生活に密着した、小回りの利く事業を実現させるために適している。

　加えて、農業を含む多くの小規模生産者にとって、取引先となる企業は相対的に資本力が大きく、個別に取引を行うには様々な困難が生じる。大企業は効率性を重視するため、一度に大量の取引を要求するが、多くの小規模生

127

産者にとって個別でそうした要求に応えるのは困難であり、取引が成立しないこともある。こうした困難を共に乗り越えるために設立されるのも、協同組合である。

協同組合は、その設立の歴史と、理念からわかるように、組合員が直面している課題を持ち寄り、共に解決するための活動体としての側面と、経済組織としての側面を持つ。

近年、グローバル化に伴う各経済組織を取りまく事業環境の厳しさから、活動体としての側面を切り捨てつつある協同組合もある。事業の競争優位性を保つために合併を繰り返し、組織が大きくなりすぎると、個々の組合員の声は事業を運営する側に届きにくくなる。組合員組織が形骸化し、経済事業を継続し、利益をあげて組合員に配当することだけを目標とするようになると、株式会社に極めて近い組織形態へと変容する。経済事業が立ち行かなくなると協同組合は解散しなくてはならないため、当然、経済事業を疎かにすることはできない。協同組合として組織を機能させるためには、組合員組織としての協同組合と、経済事業体としての協同組合、あくまで両方のバランスをとることが非常に重要である。

【注】
1）アメリカの新世代農協等では権利譲渡が認められている場合がある。
2）全国で活動中の生協数から連合会数を引いたもの

【推薦図書】
一般社団法人日本協同組合連携機構（JCA）（2023）『新協同組合とは』一般社団法人日本協同組合連携機構
山崎亮（2016）『コミュニティデザインの源流』太田出版

（高梨子文恵）

第 10 章

日本の農業協同組合の事業・組織と特徴

　わが国の農業のあり方を考えるうえで、農業協同組合（農協）への理解を欠かすことは出来ない。農村地域の居住者に限らず、ほとんどの人が「JA」という言葉を耳にしたことがあるだろう。これは、主に総合農協とその連合会が愛称として用いている名称である。農協は農産物や肥料・農薬などの流通を担っているだけでなく、ガソリンスタンドやAコープ（食品・生活用品等の販売店舗）を運営する主体として、地域住民の生活を支えている。

　本章では、世界のなかでも非常に特徴的な発展を遂げた存在である日本の農協について、形成史、事業のあり方、組織の特徴などの面から解説をおこなう。

　keywords：総合農協／准組合員／農協合併／自己改革

1．わが国の農協の歴史

　わが国において、協同組合の特徴である相互扶助の考え方を取り入れた活動は、報徳社運動などの形で近世後期からみられたといわれているが、根拠法をもって近代的な形での発展がみられたのは、戦前期の産業組合からである。産業組合は、1900年制定の産業組合法に基づく協同組合組織であり、戦後の農協の前身とみることができるものである。

　政府がこの法律の制定にあたって参考にしたのは、農民の相互扶助組織としての組合が設立されていたドイツであり、そこでの先進的な組合であった「ライファイゼン」をモデルにしていた。おこなっていた事業は、当初は貯金を受入れ資金を融資する信用事業が中心であったが、商品経済の拡大とともに農産物の販売や農業資材の購買に関わる事業も拡大していった。

　当時の農村においては、農業生産に必要な資材を調達するために十分な資

金を持たず、高利貸しに依存する農家が多くみられた。その借金の弁済として、収穫期に生産物を不当な価格で買い叩くこともおこなわれた（「仕込み商人」などとよばれる）。また、借金と引き換えでなくとも、農産物の販売先について十分な情報を持たない農家は、商人に対して不利な取引条件を強いられることもあった。

産業組合は、こうした前近代的な取引関係に依存することなく農業を営むことを可能とする組織として期待され、政府もこれを積極的に育成する方針をとった。とくに、1930年代になると、昭和恐慌とよばれる大不況の影響で農村が極めて困窮したため、「経済更生運動」とよばれる不況対策が取られたが、農村においてこれを中心的に担う存在として位置づけられたのが産業組合であった。この時期に取り組まれたのは、全国のすべての町村に産業組合を設立すること、その組合は各種事業を兼営する総合型のものとすること、すべての農家の加入を推進することなどであった。また、全国と都道府県の段階に連合組織も設立され、戦後にもみられる市町村－都道府県－全国の3段階の組織体制が整備された。

その後、日本が第2次世界大戦に向かうなかで、様々な経済活動が国家の管理下に置かれることとなるが、産業組合も対象となった。その結果、1943年の農業団体法によって、産業組合は農会などほかの農業団体と統合されて農業会に再編された。この農業会が、戦後の総合農協の直接的な前身となった組織である。

第2次世界大戦が終了すると、日本は連合国の占領下に置かれ、新憲法の制定をはじめとする様々な改革がおこなわれ、農業においても農地改革が施行された。それまで、多くの農家は小作人として地主が所有する農地を借りて農業生産をしていたが、農地改革によって農地を分け与えられた。

これにより、それまでの小作人は自らが所有する農地を耕作できるようになり、経済的困窮の一因は取り除かれることとなった。しかし、多くの農家に土地所有権を分配したため、一つ一つの経営は零細なままで、そうした零細経営は、戦前と同様に協同組合組織によって守られる必要があった。さら

に戦後まもない時期は、食糧難のため国家による食糧管理（配給制度）を実施する必要があった。これらの必要性を満たすため、戦後に設立された農協は農業会の組織や資産、職員を引き継ぐ形で設立された。

　戦後の農協は、1947年に制定された農業協同組合法（農協法）が根拠法となっている。先述のように、経済統制団体としての性格を有する農業会の組織を前進としてはいるものの、農協法においては、民主的な協同組合として生まれ変わるという考え方が取り入れられていた。そこでは、組合員としての農家が自律的に農協を運営し、政府とは一定の距離を保つことが想定されていた。しかし、多くの農協が設立後に経営不振となったことで、政府としても農協への関与を強めざるを得ない状況となり、結果として政策当局との関係が深まったといわれている。

　その後の動きにおいて、政府との関係という観点から農協にとって重要であったと考えられるのは、1960年代に開始され、1970年代に本格化した減反政策である。政府による米の生産・流通の管理は、戦時中に制定された食糧管理法により本格化し、1995年の同法廃止まで続くが、その過程において減反政策の開始は大きな転換点となった出来事であった。

　米の増産の努力を続けてきた農家からの反発もあり、減反政策の実施には米の生産・流通に対する管理を格段に強化する必要があったが、農協はこれを担う主体として位置づけられた。このことは、農協の側からみると、政策への協力により米に関わる事業の取扱高が保証されることを意味するから、基本的には農協はこの政策に協力的であった[1]。

　このような関係は、食管法の廃止以降はやや変化することになる。1990年代後半から、農水省や政府諮問機関から出される文書において、農協と距離を置く記述が目立つようになり、実際の政策においても農協への依存を弱めるような動きがみられた。例えば、制度資金の窓口となる組織を農協から一般の金融機関に広げるような動きである。さらに、2010年代に入ると、政府の審議会である規制改革会議や自民党政治家から、「農協攻撃」といわれるような激しい農協批判がなされる事態もみられるようになった。

その一方で、農協研究者を中心に、政府・政策への依存の強い「上からの組織化」から脱皮し、自主自立を旨とする本来の協同組合を目指すべきという考え方も打ち出されるようになってきた。

ただし、現実にはいまだに農協の組織力に依存している政策も多くみられる。政府と農協の関係は複雑化していて、今後の農協のあり方を考えるうえで大きな論点となっているといえるだろう。

おな、本項では、わが国の農協の特徴として政府との関係の深さに注目してきたが、戦後の農協の事業展開は地域によって多様であり、政府・政策への依存度が相対的に小さく、強い主体性のもとで地域農業振興に取り組んできた農協も存在していることを付言しておきたい。

２．農協の各種事業

先述のように、わが国の農協の特徴は、様々な事業を１つの組合で兼営している総合性にある。そこで、本節では農協のおこなう各種事業についてみておきたい。

（１）販売事業

販売事業は、組合員の生産する農産物等を出荷・販売するものである。農業者である農協の組合員にとって、農産物を有利な条件で販売することは経営の安定・向上に欠かせないため、この事業に寄せられる期待は大きい。

農協以外にも、農産物を生産者から集荷し販売する業者（産地商人、商系業者などとよばれる）はあるが、それらと農協が大きく異なるのは、生産者から農産物を買い取るのではなく、販売を委託される形式で集荷をおこなう点にある。農協は組合員に代わって販売業務を代行し、それに要する経費を徴収するために、販売代金から一定の手数料を差し引いて代金を精算する。

買い取りによる集荷では、仕入れ価格と販売価格の差額が収入となるが、その場合、農協にとっては、組合員から低廉な価格で仕入れることが、より多くの収入を得ることにつながる。これに対して委託集荷では手数料が農協

の収入となるが、この場合は、販売金額が高くなるほど農協の収入も増加することになる。このように、組合員と農協の利害が一致していることから、農協の販売事業では委託集荷が主流となっている。

　また、買取集荷では、農産物価格が下落した場合、農協に損失が生じる可能性があるが、委託集荷ではそのリスクがないことや、事業運営に要する運転資金が少額で済む場合があることもメリットとしてあげられる。ただし、農協がリスクを負わない点を否定的に捉え、買取集荷の拡大を主張する論者もみられる。

（2）購買事業

　肥料や農薬などの農業資材のほか、生活物資等を組合員に供給する事業である。販売事業と購買事業をあわせて経済事業とよぶ。

　個々の組合員が必要とする農業資材の量が少なかったとしても、多数の組合員の需要を取りまとめて大くの量を調達すれば、メーカーとの交渉力を高め有利な条件で取引できる、というのが購買事業の基本的な考え方である。

　ただし、組合員の農業経営においても規模格差が広がっている。そうしたなかで、多量に購入する組合員から、ほかの組合員よりも有利な条件での供給を求められる場合がある。これに応ずることは、上述したような小規模な農業経営の不利を克服するという考え方と矛盾するとも考えられるため、その是非は購買事業についての1つの論点となっている。

　生活物資の供給については、無店舗形態での取扱もあるが、組合員以外からみてなじみ深いのは、店舗をかまえて事業をおこなう生活店舗であろう。「Aコープ」という名称で親しまれ、スーパーや生協などと同様の事業をおこなっている。

　また、生産資材と生活物資の双方の性格を有する燃料を供給する事業もおこなわれており、いわゆるガソリンスタンドを設置している農協も多くみられる。

（3）営農指導事業

　営農指導事業は、組合員に対して、農業生産に関わる技術や、農魚経営などに関する指導をおこなう事業である。いわばコンサルタントのような役割を果たしているが、相談に応じる都度、料金や手数料を徴収することはほとんどおこなわれていない。それにかわって、毎年組合員から一定の基準によって徴収される賦課金という負担金が、営農指導事業を支えるものとして位置づけられている。

　一般的に、賦課金は人件費など営農指導事業に要する経費をまかなうほどの金額とはならない。営農指導事業は、農協にとっては、力を入れても収入の増加に結びつくことのないものである。しかし、この事業によって組合員の経営が改善し、生産される農産物の量や質が拡大・向上するならば、販売・購買事業をはじめとする他事業への波及効果は大きい。そのため営農指導事業は、農業に直接関わる事業のなかでも要として位置づけられるものである。

（4）信用事業

　信用事業では、貯金等の金銭を受け入れ、それを原資として貸し付けをおこなう事業であり、銀行がおこなっている業務と同様のものである。前節で述べたように、農業者の窮乏に高利貸しが関わっていた時代があり、そのような場合には農協からの貸し付けにより問題を解決してゆくことが期待される。ただし現在では、農業経営のために必要な資金としては、政府等の支援のもとで有利な条件で利用できる制度資金があるため、そちらが利用されることも多くなっている。

　農協は貯金を受け入れる金融機関であることから、経営が破綻すると社会に及ぼす影響が大きい。そのため、全国の農協が一体的に取り組むJAバンクシステムと称する仕組みが設けられている。これは、農協の経営状態を監視し、必要に応じて指導などをおこなうことに加えて、ATMなどのサービスを統一して利便性を向上させるためのものである。

　なお、組合員が農協に預ける金銭は「貯金」とよばれる。これに対して「預金」というのは、上部組織である信用事業連合会や農林中央金庫に農協が預ける金銭を指す。

（5）共済事業

　共済事業では、利用者から掛金を徴収し、病気や事故などが発生したときに共済金を支払うものである。保険と同様の事業内容で、信用事業とともに、農協の経営を支える収益部門となっていることが多い。

（6）厚生事業

　都市部と比較して農村では医療体制が充実していなかったことを背景に、医療や福祉に関わる事業もおこなわれている。これを厚生事業とよんでいる。農協ではなくその連合会によるものであるが、病院を設置し運営することもおこなわれている。

３．農協の組織

　農協の組織体制についても、わが国に固有の特徴がみられるので、主要な点について述べてゆく。

（1）農協合併

　戦後、農協が設立された際には、市町村未満の範囲を事業の実施区域とする規模の零細なものが多かったため、先述したように経営不振に陥る農協が多くみられた。また、近年では事業環境の変化も要因となり、厳しい経営状況が続いている。

　これらへの対応として、農協同士を合併することが推進されてきた。

　総合農協の数は、**図10-1**に示したように1950年では１万３千をこえる数であった。それが、1970年代にかけて急減しているのは、零細な規模で誕生し、インフレや戦時体制から平時の体制への移行のなかで経営悪化が深刻な

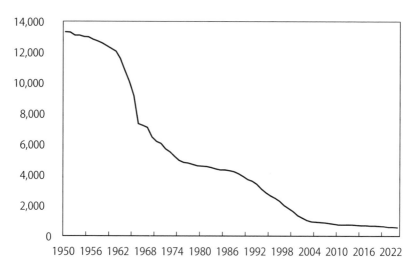

図10-1　総合農協数の推移

資料：農水省「農業協同組合等現在数統計」
注：1996年以降は、総合農協数に信用事業を行う専門農協を含む。

農協が多くみられたため、これを立て直すためとみられる。この時期には、1951年制定の再建整備法、1961年制定の農協合併助成法なども整備され、政策的にも農協の経営の立て直しと合併が推進された。

　この段階では、市町村未満から市町村規模への合併を目指していたが、組合数が5千組合を下回った1970年代後半より、合併はやや落ち着きをみせている。

　その後、1990年代後半から農協合併が再び加速し、この時期には、市町村の規模をこえる広域合併が進展をみせてきた。平成期には市町村も合併し広域化しているが、現在では多くの農協が複数市町村にまたがって事業をおこなっている。1つの県のすべての農協が合併する1県1農協もみられるようになり、1999年に実現した奈良をはじめとして、香川、沖縄、島根、山口など複数見られるようになっているほか、複数の県で検討中、推進中となっている。

　このように90年代から農協の規模が一段と拡大した要因としては、農業が

盛んな地域の農協にとっては、WTO農業交渉などの結果、農産物の輸入自由化が進展し、それまで農業政策の基調であった価格支持政策が後退しはじめたことが大きい。また、都市的な地域も含めると、「金融ビッグバン」とよばれる金融市場の規制緩和策が進められ、金融機関としての収益性や健全性が厳しく問われることになったことも大きな影響を及ぼした。また、バブル崩壊後、不良債権を抱えて経営が悪化し、合併により経営を安定させる必要のある農協も多かったのではないかと思われる。それらに加えて、組合員の高齢化や減少、ホームセンターの資材取扱への参入などの事業環境の変化の影響も複合的に作用して、広域合併が進展したと考えられるのである。

　このようにして合併の進展はみられたが、その結果、農協の事業や地域農業にどのような影響がもたらされたかについては、慎重に評価する必要がある。地域農業との関わりでいえば、合併することによって、より多くの農産物を集荷するようになれば、販売ロットを拡大できることになる。それによって、販売単価が向上したり、ブランド力が強化されるといった効果が期待される。

　しかし、合併以前の農協単位で品質やブランド力に大きな差がある場合などでは、農産物産地として一体性を強めることは難しい。このような問題から、合併により農産物の販売力が向上したと評価できる事例はそれほど多くないとみられる。

　また、合併後の事業体制の再編が進まなければ、コスト削減という面で経営を改善する効果は小さなものにとどまる。この点については、旧農協が設置していた事業拠点の統合整理が焦点となるが、組合員からの反発もあり本格的な再編には至っていない農協も多くみられる。

　かといって、経費削減を優先し施設の統合を無理に進めてしまうと、組合員の利便性が低下して事業が利用されなくなり、かえって収益性が低下してしまうおそれもある。広域的な事業体制を取るのであれば、それと同時に職員の専門性を高め、営農指導のレベルを向上させるなど、組合員にもメリットが感じられるような再編をどのように進めてゆくのかが課題といえる。

このようなことから、農協の再編や改革は、合併が進展したことで一段落と捉えるのではなく、むしろそこがスタートであると考えることが肝要である。

（2）連合会

　農協は農業者を構成員とする組合であるが、農協を構成員とする組合を設立することが認められており、これを連合会という。連合会に対比する呼称として、通常の農協は単位農協とよばれる。

　単位農協は複数の事業を兼営しているが、連合会は特定の事業に特化したものが設立されている（**図10-2**）。経済事業をおこなう経済連、信用事業については信連、共済事業については共済連、厚生事業については厚生連などである。また、中央会は、単位農協に対する単位農協に対する経営支援や、行政への働きかけ、人材育成などを担う組織である。

　図10-2に示したように、かつては、すべての都道府県に県段階の連合会があり、さらにその上に全国段階の連合会が設立されており、総合農協とあわせて3段階の整然としたピラミッド形の組織構造となっていた。この全体を指して、「系統農協」あるいは単に「系統」という用語が使われており、「JAグループ」という呼称も、これとほぼ同様のものを意味している。

　なお、信用事業の全国段階である農林中央金庫については、農協のほかに

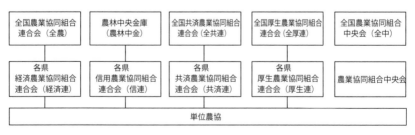

図10-2　連合会と「系統農協」の概要

資料：筆者作成。
注：連合会について、県段階と全国段階の統合がおこなわれる以前の状況を示す。

森林組合、漁業協同組合からの預金も受け入れており、農水省の所管する協同組合系金融機関全体にとっての系統中央機関となっている。

　単位農協の広域合併が進展したことなどを背景として、現在では全国段階の連合会に県段階の連合会を統合する動きが進展をみせている。例えば経済事業の全国連である全農には、32都府県の連合会が統合されており、共済事業の全国連である全共連には、すべての都道府県の連合会が統合されている。

（3）准組合員制度

　農協の組合員となることができるのは農家、農業従事者、農業生産法人など農業に関わる個人・法人に限定されているが、その具体的な要件は農協ごとに定款によって定めている。

　生活購買事業、信用事業、共済事業などでは、組合員でなくとも利用することができるので、そのような利用者を准組合員とする制度が設けられている。組合員となるための要件を満たさなくとも、准組合員となれば、組合員にしか認められていない事業を利用したり、組合員と同様の条件で事業を利用することができる。准組合員となることの具体的なメリットは個々の農協がそれぞれ設定するものであるが、農協における最高意思決定機関である総会・総代会における議決権は、准組合員には与えられないこととなっている。

　これは、農協の意志決定が農業者以外の者に支配されることを防止するという観点からの措置である。しかし、協同組合が利用者によって組織されるものであるという考え方を重視して、准組合員の権限を強めるべきという論者もみられる。

４．日本の農業協同組合の特徴

　ここまで、農協の歴史、事業、組織について概略を述べてきたが、その範囲でみても、農協が極めてユニークな組織であることが見て取れるだろう。一般企業との相違も大きいが、欧米の農協と比較しても、わが国の農協は大きく異なる特徴を有している。以下では、この点について改めて述べていき

たい。

　日本の農協の大きな特徴としてまずあげられるのが、総合農協が主流であることである。すでに述べてきたように、日本の農協は、経済事業、信用事業、共済事業など多くの事業を１つの組織でおこなっているが、このような農協を総合農協とよぶ。また、取り扱う農産物についても、米などの特定の品目に特化するのではなく、事業の実施区域で生産されるものを広く取り扱っていることも、農協の総合的な性格を強めていると捉えることができよう。

　これに対して、特定の事業や、特定の農産物に特化して事業をおこなう農協を専門農協といい、欧米ではこちらが主流となっている。有名なものとしては、アメリカの柑橘類を扱う専門農協であるサンキストがあげられる。

　専門農協はわが国にも存在しており、2022年において総合農協数が585組合であるのに対し、専門農協数は出資組合だけでみても516組合あって[2]、数の上では拮抗している。しかし、専門農協は規模が小さいものが多く、農業や地域社会との関わりにおいて、総合農協ほどの存在感はみられないのが実態である。かつては愛媛県など、規模が大きく有力な専門農協がみられた地域もあったが、その多くが総合農協と合併しており、上記の組合数の数字においては総合農協に区分されるものとなっている。

　わが国の農協において総合農協が主流である理由として、１節で述べたように、小規模な農業生産者を扶助する役割を担う存在であったことが大きい。個々の農業経営において、収益性を求めるビジネスとしての性格が強いのであれば、必要な事業のみを選択的に利用できる専門農協が向いていると考えられる。先にあげたサンキストなども、柑橘類のマーケティングに特化した事業をおこなっている。

　しかし、戦前の農家がおこなう農業は、販売するための商品を生産するという側面は弱く、自分の土地を持たない小作人は地主に生産物を現物で収めることが広くおこなわれており、その以外の部分では、自給的な側面を色濃く有する存在であった。また、仕込み商人のように金融と農産物流通が一体

化した仕組みにより苦しむ状況がみられたし、貧弱な医療体制など、生産だけでなく生活の面でも農村の環境整備が重要であった。戦後農地改革によって誕生したいわゆる「戦後自作農」においては、こうした状況は少しずつ改善されつつあったが、経営規模は零細であり経営の不安定性は否めなかった。

　このような状況に対して、特定品目のマーケティングに特化した専門農協といったものは明らかに適合的とはいえず、農家の抱える困難を総合的に支援する総合農協が必要とされたのである。

　わが国の農協の特徴は、以上のような複数事業を兼営する総合性を基調とし、行政との関係性が極めて強いことも指摘できるが、そのほかに付随して網羅主義と属地主義とよばれる特徴もみられる。

　網羅主義は、農協が存在している地域の農家のほとんどが農協に加入していることを指摘したもので、例外はあるが極めて少数にとどまっている。小規模な農家の経営や生活を扶助し、農業政策の下請的・補完的な役割を果たすうえで、このような特徴は有用なものである。

　網羅主義と対になるのが、属地主義とよばれる事業区域の設定のあり方である。その内容としては、下記のようなものである。

　離島など全く農業がおこなわれていない地域を除き、総合農協の事業区域は、わが国のほとんどの地域をカバーしている。さらに、1つの地域では1つの農協が事業をおこなうというように、事業区域の調整がなされている。例外もみられるが、特に信用事業については、事業を実施する区域に複数農協の重複がないように調整がなされてきた経緯がある。個々の農協の事業区域は、市町村未満であったり、複数市町村にまたがっていたりと多様であるが、基本的には市町村の境界を無視してまだら模様となることはなく、行政区分に沿うような形で設定されている。このような状況は、農家の側からみると、複数の農協のなかから、どの農協を利用するのかを選択することがほとんどできないということになる。

　このような事業の実施区域の設定は、農協が行政組織に類似したものであることを印象づけるような特徴であり、行政を補完する組織としての性格が

表れているものとみることができるだろう。

　以上にみてきたような特徴が、協同組合として期待される本来的な性格とは相容れないものであるという見解は、多くの論者が一致するところである。自主自立の組織であり、目的を同じくする人々が自発的に協力するための組織として、民主的な運営を重視する、というのが協同組合の基本的な価値観である。この価値観を貫くためには、政府や政治とは一定の距離を置き、組合員の自発性を尊重するような運営がなされることが理想である。このような方向性をめざして変革を進める必要性が指摘されているが、どのような道筋で変革を進めてゆけばよいのか、具体的な展望は十分に示されているとは言いがたい状況である。

5．農協改革のゆくえ

　前節で述べたように、農協は変革の必要性に迫られているが、現場の動きとしては、JAグループでは2014年から「創造的自己改革」と称し、総合的な改革に取り組んでいることを対外的に発信している。この自己改革は、1節でも触れたように、2010年代に入って規制改革会議や政治家によって、農協の実態をふまえない荒唐無稽な農協批判[3]が繰り広げられたことを背景としている。

　その成果は、系統農協のWebサイトやその他の媒体で盛んに発信されているが、内容をみると、新しい農業生産資材を試験的に導入したことであったり、農産物の新たな販路を開拓したといったことで、改革の名に値するものであるかは疑問である。

　組織変革の研究者として著明なジョン・P・コッターは、組織変革の段階を8段階に定式化して示しているが、おおまかな内容としては、組織内で危機感を正しく共有し、リーダーがビジョンを示してそれを組織内に浸透させ、組織全体の仕事のやり方を変えてゆき、それによって新しい組織文化・価値観が定着するというものである（コッター（2002））。

　この考え方と比較すると、JAグループにより示されている創造的自己改

革の成果は、いかにも部分的な改善の寄せ集めという印象を与えるものと言わざるをえない。

　本項執筆時点において、マスコミが農協職員の「自爆営業」問題[4]をしばしば取りあげており、農水省もこれに反応を見せていて、農協批判の高まりを予期させる状況である。2010年代の規制改革会議による農協批判は、農協と農業の実態についての驚くべき無理解にもとづいていたが、これと違って自爆営業の問題については、農協自身が発行する文書においても、不祥事の温床となっているという指摘がみられる。

　この問題では、農協職員が協同組合に関わる主体としてふさわしい働き方ができているか、ということが問われており、コンプライアンスの観点からマニュアル・規定等を整備すれば済むことではない。農協の広域合併の進展により、外形的な変化は進んだように見えるが、それでもまだ達成できていない真の改革とは何か、研究者にとっても、当事者である農協にとっても、あらためて真剣に検討すべき時期が来ているのではないだろうか。

【注】
1）政府により高い米価の実現を要求するための「米価闘争」とよばれる運動は展開された。
2）農水省「農業協同組合等現在数統計」による。
3）委託取引に対する批判、全農の株式会社化の主張、中央会の監査機能に対する批判などがあった。
4）事業推進のノルマを達成するために、農協職員が自ら共済に加入したり、商品を購入することを指す。

【推薦図書】
増田佳昭編著（2019）『制度環境の変化と農協の未来像』昭和堂
岩﨑真之介（2023）『顧客を直視する農協共販』筑波書房
太田原高昭（2016）『新　明日の農協　歴史と現場から』農文協

（林芙俊）

市民活動・NPOと地域づくり

　今後も地域課題の増加が予想される日本社会では、全国の地方自治体
や地域住民が主体性を発揮し、人と人とのつながりを含めた地域の多様
な資源を活かして、その解決に挑戦する動きが増え始めている。特に、
政府・行政や企業では解決が難しいとされる地域課題については、社会
運動に端を発する市民活動やNPOが、新しいコミュニティを増加させる
ことによって、課題解決に取り組んできた。
　第11章では、そのような地域課題の解決に取り組んできた社会運動・
市民活動の歴史を確認した上で、NPO、コミュニティ・ビジネス、社会
的企業、協同組合の取組、そして地域の人々を巻き込む地域づくりの手
法について紹介する。

　Keywords：社会的孤立／自治／コミュニティ・ビジネス／社会的企業
　　　　　　／小さな協同

1. 日本における地域課題の増加と新たなコミュニティ形成の必要性

　現代の日本社会は、各地においてさまざまな社会問題・地域課題が溢れて
いる。例えば、経済や教育などの格差問題、少子高齢化に伴って発生する空
き家問題、交通アクセスの不便さから発生する買い物難民問題、社会的孤立
から発生する精神的・身体的な健康問題や孤独死の増加などである。

　特に社会的孤立は、近年深刻な地域課題として取り上げられるようになっ
た。日本は、家族などの集団を超えたつながりや交流がどれくらいあるかと
いう度合いを示す社会的孤立度が、先進諸国の中で最も高いといわれる。そ
して、現代の日本社会のさまざまな社会問題・地域課題の根底には社会的孤
立があり、古い共同体が崩れたことに代わる新たなコミュニティが形成でき
ていない状況が、社会的孤立度をより高めているといわれる。社会的孤立の
問題は、高齢世帯に限った話ではない。例えば、都市部に移動した共働きの

核家族世帯の場合、近隣付き合いが希薄になりがちで、住民同士で助け合う関係性を築きにくく、子育てでも孤立してしまいがちになる。このように核家族世帯でも、高齢世帯と同様に社会的孤立は発生している。

　さまざまな社会問題・地域課題の増加が今後も予測される中、全国の地方自治体や地域住民が主体性を発揮し、人と人とのつながりを含めた地域の多様な資源を活かしながら、その解決に挑戦し始めている。その際、住民自身が地域の未来を思い描き、現段階の課題を自らの手で解決していこうとする自治の力が重要になる。

　地域には、地域経済を支える企業で働く人、自営業者や農業者のほかに、地方自治体やNPO・協同組合で働く人、直接生産活動に参加しない子どもたちや高齢者など、数多くの人々が生活している。そのような地域で生活する人々が、自らの暮らしと働き方を再考し、生活領域を安心して住みやすくするためには何が必要かを自分事として考え、住民自治や地域自治といった自治の考え方を基礎に多世代がそれぞれにもつ経験や特性を活かし、人と人とがつながる新しいコミュニティを形成することが、地域課題の解決や社会的孤立の予防につながる。地域コミュニティにおける顔のみえる関係性は、地理的に災害リスクの高い日本において、防災対策としての効果を発揮する可能性が高いともいわれる。

　そのようななか、特に政府・行政や企業では解決が難しい地域課題について、近年、力を発揮してきた主体の１つが市民活動・NPOである。すなわち、社会運動に端を発する市民活動、そしてその市民活動を背景に法制化されてきたNPO法人などの非営利組織、それを含めた市民活動セクターが、新しいコミュニティを増加させることによって、地域課題の解決に取り組んできた。

２．住民運動・社会運動から市民参加型の地域づくりへ

（１）市民による住民運動と「新しい社会運動」の広がり

　1960年代の開発ブームによる都市部への人口移動の加速は、住民の生活環境を整備する都市政策に遅れを生じさせ、公害をはじめとする生活問題を増

加させた。それに対して、全国各地で、健康で文化的な生活を確保するための住民運動と地域づくりが行われた。このような住民運動と共に、社会の大きなうねりの1つとして「新しい社会運動」が登場した。

「新しい社会運動」は、先進国に共通した現象であった。日本では1960年代の学生運動に始まり、この運動を母体に台頭してきたマイノリティによる公民権運動、フェミニズム運動、エコロジー運動、平和運動など多様な運動が含まれた。この運動は、経済成長主義を批判し、その推進をはかる価値観に対して異議を申し立てる点で共通していた。それに加え、運動の主体が階級や労働者ではなく、マイノリティ、青年、女性など、資本主義社会の周辺部に位置する人々であったということ、運動の争点が、労働運動に典型的にみられるような生産の問題ではなく、環境、人権、平和など、人間が生きる上での全体性に関わる課題におかれていたこと、そして、運動組織の方法がひと握りのリーダー層によって統率されるヒエラルキー型組織ではなく、1人1人が責任を負えるかぎりで行動する個人間ネットワーク型組織をとっていることが特徴であった（天野（1996））。

（2）市民活動としての地域づくり

1980年代になると、「新しい社会運動」のような対立型の市民運動は、提案型の市民活動へとシフトした（高田（1998））。その背景には、生活面における住民のニーズが多様化した一方、行政の考える公共性では個々のニーズに応えきれなくなったことがあげられる。各自治体は地域課題に取り組む際、住民の生活状況を暮らしの中で把握することのできる市民活動セクターの実践を重視し、各自治体と市民活動セクターはそれぞれの使命に基づいて地域づくりに必要なことを提案し合い、地域課題の解決を共に担うようになった。

そのような提案型の市民活動がいち早く始まった自治体として世田谷区があげられる。世田谷区では、1975年の区長公選制の復活をきっかけに、1978年には基本構想の策定によって区民本位のまちづくりが目指され、区民の主体的な参加による地域づくりが展開されてきた。この頃から、世田谷区では

提案型の市民活動が増加し、プレーパーク運動が始まったり、障害者の自立
生活運動やボランティアグループによるネットワーク作りも広がった。この
ような市民による参加型の地域づくりは、子育て世帯や障害者のいる家族な
どの世田谷区への移住を生み出し、世田谷区は誰にとっても住みやすい地域
へと発展していった。1980年以降には、住民参加の「まちづくり協議会」が
各地区に設立され、1982年には「街づくり条例」が制定され、自治体と住民
が一体となって地域づくりが進められてきた。1992年には「世田谷まちづく
りファンド」が設立され、住民・自治体・企業のいずれにも属さない独立し
た立場から、地域の発展に根ざした住民主体の地域づくりや市民活動を後押
しする動きもあった。

（3）阪神・淡路大震災をきっかけにした市民活動の展開とNPO法の成立

　提案型の市民活動は、各自治体において展開されるようになり、次第に社
会からも認められるようになった。しかし、1990年代は市民活動の組織基盤
が脆弱で認知度や社会的信用も低かったため、その基盤の強化が大きな課題
として認識されるようになった。手の届く範囲で、社会に対するオルタナ
ティブな提案を実現するためには、市民活動を安定したものにしていくため
の法整備が必要であり、全国的な中間支援組織の活動が広がっていった。法
制化にあたっては、1994年に設立された「シーズ＝市民活動を支える制度を
つくる会（C' s）」、また同年に、シーズ、市民公益活動の基盤整備を考える
会、NPO研究フォーラム、NPO推進フォーラムなどによって形成された「市
民活動の制度に関する連絡会」が大きな役割を果たしてきた。

　そのような時期に起きたのが、1995年の阪神・淡路大震災である。震災に
よって、それまでとは異なる多くの市民が災害ボランティアとして活躍した
ことから、1995年はボランティア元年と呼ばれる。

　震災当時、多くのボランティア団体は任意団体（権利能力をもたない団
体）であった。その活動を継続させるために、多くのボランティア団体が法
人になることを検討したものの、当時は市民活動団体が取得できる非営利法

人は、公益法人や社会福祉法人しかなく、いずれも取得にあたっての条件が厳しかった。そのため、ボランティア団体が法人になることを容易にすることが喫緊の課題だと考えられた。ちなみに、法人とは、法律によって法人格（法的人格）を与えられた団体であり、法律上、権利・義務の主体となり権利能力を有する団体をいう。団体に権利能力が認められると、団体自らの名義で直接的に権利・義務の主体となって財産関係を形成することができる。法人化のメリットとして、例えば、法人名義による預金口座開設・賃貸契約・不動産登記・資金調達などができるため資産の保存や財産管理が容易になること、財産の相続問題が発生しないこと、社会的信用が高まること、補助金や事業の委託を受けやすいことなどがあげられる。

　その後、容易に取得できる法人格取得へのニーズから、1996年に「市民活動促進法案」が議員立法として提案され、1998年には「特定非営利活動促進法」（通称NPO法）が公布・施行され、特定非営利活動法人（通称NPO法人）を設立することが可能になった。NPO法は、議員と市民が協力してつくりあげた先駆的な法律と評される。一方、「市民活動促進法」という名称は「市民」という言葉に町村民を含めることができるのかという議論が交わされ、誤解を招く恐れがあるということで「特定非営利活動促進法」という名称になった。これは、当時、社会運動を背景に発展してきた市民活動あるいは市民という言葉に、理解が得られなかったことの表れともいえる。

　NPO法人は、一般市民がなるべく容易に公益的な活動を行う法人を設立できるようにしようという趣旨で設けられていることから、公益法人や社会福祉法人よりも緩やかな要件で設立することが可能になったことに加えて、非営利目的かつ公益目的をもった本来事業については非課税になるという特典がある。現在では、約5万団体のNPO法人が活動している。NPO法では、「まちづくりの推進を図る活動」「農山漁村又は中山間地域の振興を図る活動」「地域安全活動」を目的として活動ができるため、地域づくりを行うNPO法人の場合は、団体の基本規約である定款に、こうした目的を記載して活動を行うことになる。

３．事業型NPOの増加とコミュニティ・ビジネスや社会的企業への期待

　NPO法ができた初期の頃は、寄付や会費を主たる収入源にする慈善型NPOが、地域における新しいコミュニティづくりの役割を担うことが多かった。その後、地域課題を持続的・継続的に解決するためには、ある程度の事業性と組織規模をもって継続的・持続的に地域課題に取り組む必要がでてきたことから、自主事業収入、行政からの委託事業収入や補助金、そして企業からの助成金などを主たる収入源にする事業型NPOが増えた。

　事業型NPOの増加と地域コミュニティの課題解決という文脈で、2000年代に注目されるようになった概念の１つが、「コミュニティ・ビジネス」である。コミュニティ・ビジネスは、利益の最大化を目指すのではなく、地域資源を活用しながら、地域の課題をビジネス的な手法で解決する地域再生型の事業であり、その原点には、地域住民や市民が主体的・自発的に地域社会をより良くしていこうとする志がある。活動する際の法的組織形態は、NPO法人、株式会社、有限会社、企業組合などさまざまである。

　同時期に、社会的孤立問題や社会的排除問題に取組、社会的に不利な状況を抱えた人たちに働く機会を提供しながら、社会的包摂を可能にする担い手として「社会的企業」も注目されるようになった。社会的企業は、多様な社会的目的とともに事業上の目標をもち、マルチ・ステークホルダーが参加できるよう開かれた組織であり、事業収入・公的資金・ソーシャルキャピタルなどさまざまな資金源や資源をもつといった特徴がある。また、社会的企業は、地域コミュニティ、市場、政府の媒介領域に存在し、それぞれの長所を引き出すことのできるハイブリッド組織であると位置づけられる（藤井他（2013））。

　事業型NPO、コミュニティ・ビジネス、社会的企業などの増加は、地域課題を解決する可能性を高めてきた。しかし、日本では、1980年代以降、新自由主義による公共事業の民営化の影響によって、特に福祉分野では、本来は地方自治体が担わなければならない仕事まで民間に安く委託される事例も

出現し、その受け皿になるNPOも少なくなかった。

　地域課題を解決するために、その地域において生活する住民が地方自治体や企業と協働することはもちろん重要ではあるが、NPOなどの市民活動セクターが、所得格差や機会格差を拡げ貧困を生み出す資本主義社会に存在することを常に意識する必要がある。市民活動・NPOの担い手が、活動する住民や市民の志や主体性を第一に考えた組織ガバナンスを展開し、政府・行政への政策提言にも力を入れて、地域づくりを進めることが重要といえる。さもなければ、市民活動はその存在意義を見失うことになる。

4．多様なコミュニティの形成による地域づくり

　NPO法が施行してから四半世紀を経たいま、市民活動セクターではさまざまな変化が起きている。1つは、NPOをはじめとする市民活動セクターの担い手不足である。古い共同体から解放された多くの住民には、新しいコミュニティを形成することが期待されてきたが、実際はなかなか地域課題解決の主体にはなりえず、多くの場合は「無関心型住民層」として埋没していくといわれ、実際に多くの住民は地域のことに無関心になっている。

　それに対するもう1つの変化として、都市部でも地方でも、これまで地域について興味のなかった住民が参加できるような場所がシェアされたり、人と人とがつながることのできる手法が発展してきたことがあげられる。偶然そこに参加した住民が、地域のことを自分事として考えられるように変化してきている。

（1）多様な居場所と場所のシェアを通じた地域づくり

　2010年ごろから、人々が自ら考えて行動する「まちの居場所」が全国各地に増加してきた。特に、空き家や空き地など、地域に眠る遊休資産を活用して住み開きをしたり、リノベーションを施して地域づくりを行うといった手法を導入する取組が広がっている。リノベーションとは、既存の建物の外観や内装空間を改変して、新しい用途や利用方法を実現する設計・計画・デザ

イン・施工である。新築に比べて費用や環境負荷を低く抑えることができ、DIYを取り入れ地域の人たちとリノベーションを行うことによって自らが地域づくりに関わっているということを体感することができるなどの利点がある。

　まちの居場所の1つに「コミュニティカフェ」がある。これは、地域においてたまり場や居場所になっているところの総称である。子ども食堂や定期的な講座などのイベントが開催されることも多く、同じ地域に暮らすさまざまな世代や立場の人々が知り合える場であるとともに、社会的孤立に陥りやすい高齢者や子どもの支援が行われる場にもなっている。「コワーキングスペース」は、さまざまな年齢、職種、所属の人たちが空間を共有しながら仕事を行う場所のことで、他の人たちと協働することによる効果を期待する人たちによって構成される、コミュニティに価値をおいた空間である。異業種間交流によって新しいアイディアが生まれることも期待され、交流を促すイベントが実施されることが多い。「コミュニティガーデン」は、コミュニティの人々がつくって手入れする庭のことで、道路予定地の暫定利用や公共用地の跡地といった行政の遊休地などを、地域コミュニティと行政が企画して設置されることが多い。植栽や菜園といった共同作業を行うことでコミュニティにつながりが生まれることが期待される。「マルシェ」は、フランス語で市場のことを意味し、地域の生産者と消費者が直接交流できる物品販売イベントである。マルシェの企画者との交流も含めて、地域づくりを考えるきっかけになることが期待される。

　このようなシェアされた場所も含めて、地域課題の解決のために、関係者が集まり、水平な立場で対話と協議をする場として「まちづくりプラットフォーム」がある。具体的には、行政、企業、市民、大学が連携して地域課題解決に取り組む拠点である「アーバンデザインセンター」、企業や自治体などの組織が多様なステークホルダーの対話によって創造的な課題解決に向けた検討を行う拠点である「フューチャーセンター」、企業や行政などの組織がサービスや商品開発のために、ユーザーとの対話を行う拠点である「リ

ビングラボ」などがある。まちづくりプラットフォームには、より多くの関係者が組織の壁を越えて情報共有ができるという機能、そして具体的な課題を解決していくという機能が備わっている。

（2）地域において人がつながる仕組みづくり

　2010年ごろから、地域において人がつながる仕組みづくりも数多く共有されるようになった。その1つが、コミュニティが本来もっている課題解決力を、デザインの力を使って高めるように支援する「コミュニティデザイン」である。コミュニティデザインでは、地域づくりを住民参加で進めるということが重視され、人がつながる仕組みづくりや担い手育成などの目に見えない部分のデザインから、その中で生じたプロセスや成果を見える化するデザインまで多岐に渡る。

　「コミュニティマネジメント」という取組もある。これは、萌芽的なアイディアや想いをもつ人々の新しい関係性を拓き、多様な人や資源を結びつけ、地域の動きとして少しずつ育てていくことである。人と地域がつながる「場」、活動の主体を育む「プロセス」、つながりを支える「組織」の3つから設計される。

　さらに、近年日本でも「コミュニティ・オーガナイジング」という言葉が用いられるようになった。これは、仲間を集め、その輪を広げ、多くの人々が共に行動することで社会変化を起こすことである。ストーリーを語り勇気を育む「パブリック・ナラティブ」、価値観でつながる「関係構築」、「チーム構築」、資源を力に変える「戦略作り」、リーダシップを育てる「アクション」から構成される。

　いずれも人がつながる仕組みでありながら、活動の主体を育むこと、すなわち地域づくりにおける自治や主体性が重視されている点で共通している。

（3）新型コロナ流行後の地域づくりにおける変化

　コロナ後、社会的孤立に対して人とのつながりを求める人や職住近接した

人が増えたことを背景に、地元を、素敵な偶然の出会いが起こる場として主体的に楽しむという「地元ぐらし」、そしてそれをベースにした地域づくりが増えている。すなわち、これまでのように、住民が抱える課題を解消し、住民からボトムアップで行政に解決を要請するような地域づくりとは一線を画した動きが広がっている。

　このような動きをバックアップする法人格の１つが、2008年12月に施行された一般社団・財団法人法によって設立できる一般社団法人である。従来存在していた公益法人法の改正によって、法人制度と税制制度が切り離され、一般社団法人に簡易な法人化の道が開かれたことがきっかけになっている。NPO法人の設立には、10人以上の社員（会員）と行政官庁からの認証が必要であるのに対して、一般社団法人は２人以上の社員のみで非営利型の法人をつくることができ、また設立においては法に定める一定要件を満たせば行政官庁の許認可がなくても法人が設立できる準則主義を採用していることも大きなメリットになっている。NPO法人よりも、誰もが気軽に、非営利の法人を設立できるようになったといえる。

　もう１つが、2022年10月に施行された労働者協同組合法である。助け合いをキーワードに、地域コミュニティにおける協同の醸成や「小さな協同」の設立に拍車をかけている。例えば、自治会の有志で地域資源を循環させるコミュニティ・ビジネスを行う事例、IT関係の仕事に就く人たちがネットワークさえあればどこでも働ける特性を活かして地方移住し、地元の人たちだけでは解決できない地域課題に取り組む事例、地元の母親たちが地域の子どもたちのために多様な居場所をつくる事例、自営業の人たちが共通の趣味でつながる仲間と共に、地域の遊休地を生かしたキャンプ場運営をする事例など、これまで市民活動に興味がなかった住民たちも起業することに興味をもち、多種多様な労働者協同組合法人が設立され始めている。

　以上のように、日本でも、多くの住民が、その地域に必要なニーズや解決しなければならない地域課題を自分事として捉え、その解決に向けて積極的に動く仕組みづくりが構築されてきていることに加えて、共通の趣味やニー

ズをもつ人たちが仲間となって事業を行うような地域づくりや、地元の面白さを発信する活動やローカル・メディアも増えてきている。

＊　＊　＊　＊　＊

　地域課題の解決において最も重要なことは、自分が住みたい地域をどのようにしたいのか、どのように関わることができるのか、という主体性や自治の考え方をもつことである。これは、1960年代の新しい社会運動においても、1980年代の提案型市民活動についても、2000年代のコミュニティ・ビジネスや社会的企業についても、最近の多様なコミュニティ形成においても、共通する事項であった。自分の意思を明確化すると、同じ思いをもつ人が集まりやすくなり、地域を動かすことにつながる。したがって、自分にとって暮らしやすい地域をつくるために、今後どのような社会で生活をしたいのか、そのためにどのような課題を解決する必要があるのかを考える力、そしてそれを多くの人たちに共有していく力を養うことがますます重要になるだろう。

　最近では、地域課題を解決するために、NPO法人だけではなく、一般社団法人や労働者協同組合法人など、地域づくりを容易にする法人格も登場している。また、無関心型住民層や社会的に孤立している人たちを巻き込み、地域のことを自分事にしていく人たちを増やすノウハウも増えてきていることが確認できた。グローバル化と言われるようになって久しいが、今こそローカルに立ち返り、地域の良さを見直すことが求められている。

【推薦図書】
雨森孝悦（2020）『テキストブックNPO—非営利組織の制度・活動・マネジメント（第3版）』東洋経済新報社

（松本典子）

第 12 章

東南アジアの農業生態

　地域農業はそれを取り巻く自然・経済・政治・社会の様々な要素との相互関係を通じて形作られており、地域農業のメカニズムや持続可能性を検討するためには、それら諸要素を含めた総合的な視点が求められる。本章では、こうした相互関係を農業生態として捉え、東南アジアを例にそのダイナミックな地理的・歴史的展開について概説する。以下には、東南アジアの多様な農業生態や、地域農業一般を学んでゆく上で出発点となる事項が複数登場する。読者には、それらをもとにして個々の事例やテーマを深く掘り下げてほしい。

　Keywords：地域農業／農耕文化／焼畑／プランテーション／緑の革命

1．農業生態の捉え方

　世界各地の地域農業は、各々異なる地理的条件の下で営まれている。**表12-1**に示すように、各作物の栽培を成り立たせる条件には自然条件と社会条件があり、地域ごとの条件の違いが農業形態の空間的差異や分布パターンに影響を与えている。例えば、各作物の栽培できる範囲を示す栽培限界は気

表 12-1　作物の栽培条件

主な栽培条件		具体的な要素の例
自然条件	気象	平均気温、気温の日較差・年較差、無霜期間
	降水量	降水量、降水パターンの季節性
	地形	多様な地形（平野・丘陵・盆地・台地など）、日照条件、水資源へのアクセス
	土壌	酸性/アルカリ性、排水性、土壌母材、肥沃度
社会条件	市場との関係	産地と市場の距離、流通、商慣習
	交通の発達	高速交通体系の整備、輸送コスト
	資本・労働力	土地改良事業の実施、灌漑整備、生産用具や施設の進歩、人件費、技術
	農業政策	生産・流通システムの整備、農家保護的政策/規制緩和、国際ルールの影響

資料：帝国書院編集部（2020）より作成。

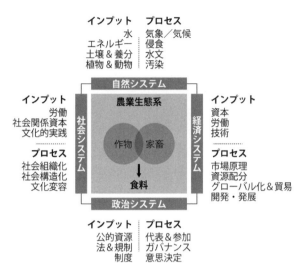

インプット　プロセス
　　　　水　気象／気候
エネルギー　侵食
土壌＆養分　水文
植物＆動物　汚染

インプット
労働
社会関係資本
文化的実践

プロセス
社会組織化
社会構造化
文化変容

自然システム

農業生態系

社会システム

作物　家畜

↓

食料

経済システム

政治システム

インプット
資本
労働
技術

プロセス
市場原理
資源配分
グローバル化＆貿易
開発・発展

インプット　プロセス
公的資源　代表＆参加
法＆規制　ガバナンス
　　制度　意思決定

図12-1　農業生態系のモデル

資料：Joassart-Marcelli（2020）より作成。

温と関係が深く、世界地図上の栽培限界線は等温線と概ね一致する。ただし、自然条件は技術的な克服が図られることもあり、稲の場合は暖地での栽培が盛んであるが、日本では品種改良が進んだ結果、寒冷地の方が生産量が多い。人間の営みに関わる社会条件も地域農業のあり方を左右する。例えば、市場＝都市との距離が近い近郊農業では、鮮度が重視される野菜を生産する園芸農業が盛んである。

　以上のような、栽培条件に認められる諸要素は、各々独立して存在するわけではなく、相互に関係を持っている。また多くの場合、各要素は農業を一方的に規定するのではなく、農業からも影響を受けており、両者は双方的な関係にある。こうした点を踏まえて、総合的な学問である地理学では、地域農業とそれを取り巻く自然・経済・政治・社会システムの生態系（アグロエコシステム）のモデル（**図12-1**）が示されている。

　これについて、同モデルを論じたJoassart-Marcelli（2020）を敷衍しながら、農業に欠かせない土地を例にみてみよう。まず自然システムでは、土地

＝土壌は水・空気・有機物とともに、肥料の 3 要素でもある窒素・リン酸・カリや他の必須元素などの無機物で構成される。土壌は社会と環境のダイナミックな関係によって形成されるものであり、例えば20世紀型の生産力主義に基づく工業的農業は、モノカルチャーを推し進め、生物多様性や生態系循環に関わる土壌の養分を損なってきた。1960年代以降は化学肥料が普及し、土壌回復と生産性増大が図られてきたが、長期的にみればその使用は表土の劣化を促進し、施肥量をいっそう増やす必要があるという悪循環に陥っている。

　経済システムは土地・労働・資本を含む生産要素間の関係と、様々な用途へのそれらの要素の配分を構造化する。アジアの農業をみると、自給的農業が主に労働集約的に営まれてきた。その土地生産性は比較的高い傾向にあるが、大規模な企業的農業と比べると、機械やインフラなどの資本の投入が限られ、規模の経済も働きにくいため、労働生産性は低い。また地域の多くの人々が農業に従事する中で、土地は生存を保障する重要な役割を持つが、市場向けの商業的農業が発達する過程で、しばしば農民の土地の喪失と地主への集中が生じた。

　政治システムは経済システムと強い連関がある。近代国家は資本主義にとって不可欠な存在で、法や政策を通じて資源へのアクセスを左右するとともに、市場を形成する大きな役割を担っている。また、政治と経済の諸力は連動して作用し、しばしば権力者に利益をもたらす仕組みを作る。農業分野ではこの政治経済のプロセスが自然と相互作用する中で、自然は国家の介入に支えられた経済勢力によって管理・操作の対象となってきた。その主要な例は土地の所有権の確立や行使であり、例えば植民地支配の時代には農民らの開拓地や共有地は、近代的な土地登記制度を武器にした西欧勢などにより収奪されていった。

　最後に、社会的システムの点では、農業は地域の社会的・文化的関係に埋め込まれたものと捉えうる。そうした関係は、農業における資源へのアクセス、分業・協業、栽培の慣行、自然との関わりなどのあり方を左右している。

例えば、女性は多くの時代・地域において財産を持つ権利がなく、土地は父から息子へと譲渡されてきた。今日の途上国において、女性は農業における役割が向上したとはいえ、依然として土地やその他の資源へのアクセスが限られ、しばしば自分の稼いだ所得を自由にすることもできない。このように地域農業は、ジェンダー・階層・民族・宗教などの分割線に沿って編成されている。ただし、それらの社会的カテゴリーやアイデンティティ、地域の社会的・文化的関係は、揺れ動き生成変化し続けるもので、不変のものでも本質的なものでもない。

　以上のように、地域農業とそれを取り巻く自然・経済・政治・社会の諸要素、さらに諸要素同士は互いに関係し、それによって場所ごと時代ごとに特異な生態系を成してきた。以下では、こうした相互関係とその中での地域農業のあり方を農業生態として捉え、東南アジアの農業生態の地理的・歴史的展開を検討したい。

２．東南アジアにおける農業生態の地理的展開

　東南アジアはおよそ北回帰線（北緯23.27度）と南緯10度線の間に広がり、

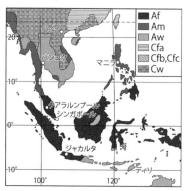

図12-2　東南アジアにおけるケッペンの気候区分

資料：帝国書院編集部（2020）より作成。

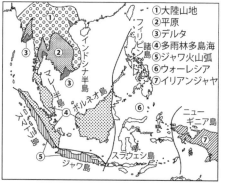

図12-3　東南アジアの生態環境区分

資料：高谷（1997a）より作成。

①大陸山地
②平原
③デルタ
④多雨林多島海
⑤ジャワ火山弧
⑥ウォーレシア
⑦イリアンジャヤ

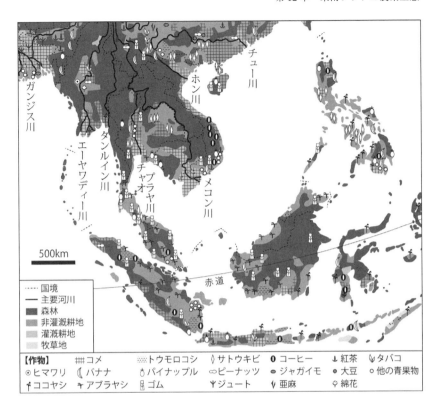

図12-4　東南アジアの農業土地利用

資料："Diercke Weltatlas 2015" より作成。

大部分が熱帯（A気候帯）に属している（**図12-2**）。一般に東南アジアは生態環境、歴史、文化などの点から、インドシナ半島を中心とする大陸部と、マレー半島・スンダ列島・フィリピン諸島などから成る島嶼部に大別される。大陸部の国はベトナム・タイ・ミャンマー・カンボジア・ラオス、島嶼部の国はインドネシア・フィリピン・マレーシア・シンガポール・東ティモール・ブルネイ（各々人口順）である。ここではこの地域区分とともに、地形・地質・気候を総合した生態環境区分（**図12-3**）に基づいて、自然の生態環境と農業の広がり（**図12-4**）を検討しよう。

（1）大陸部

　東南アジアは大陸部も島嶼部も、モンスーン（季節風）の強い影響を受ける。夏は海洋の湿ったモンスーンが大陸に向けて吹くことで雨季となり、冬は大陸の乾いたモンスーンが海洋へ吹いて乾季がもたらされる（南半球や東海岸部は冬が雨季）。赤道付近は年中多雨であるが、比較的緯度が高い地域では降水量の季節変化が大きくなる。そのため、大陸部の多くの地域は雨季と乾季の差が明瞭なAw・Cw気候区に属し、年降水量の80〜98％が4〜10月に集中する。地域の農民たちはこうした気候条件への適応を図り、複雑な灌漑施設の構築、天水耕作技術の発達、洪水・干ばつに強い在来品種の選択などに取り組んできた（リッグ（1997））。

　大陸部の生態環境の重要な特徴は、北部の険しい山地と、中・南部の平原・デルタとの明瞭な地形のコントラストにある。東南アジアとその周辺地域では、プレート同士の狭まる境界と新期造山帯が通い、造山活動や火山活動が活発で高起伏の山地が形成されている。特に大陸山地区の北部は、世界最高峰のチベットヒマラヤ山塊から続く隆起山脈が広がる。ここにモンスーンが大量の降水をもたらすことで激しい土壌侵食が生じ、膨大な量の土砂が大河川によって運搬されて中・下流域で堆積してきたのである。

1）大陸山地区

　大陸山地区の農業の形態は、標高約1,000m以下の低位の山腹、それよりも高位の山腹、渓谷・盆地で違いが認められる。ラオスや1960年代までのタイ北部では、こうした標高に応じて山地民の棲み分けと生業の違いがあった。

　山腹は多くが低位にあり、森林を伐開・火入れして焼畑農業が営まれてきた。ここは焼畑稲作の起源地と考えられる場所で、陸稲が主に栽培されており、雑穀やイモ類なども作付けされる。単年の作付けで翌年に農地を移動させる形態を基本とし、再び同じ土地に戻って耕作するまでの休閑期間は概ね10〜15年である。

　高位の山腹ではそうした短期耕作の移動焼畑よりも、常畑あるいは長期耕

作と放棄が主流となる。ここではアヘン採取のためのケシ、温帯作物のムギ・ソバ・トウモロコシなどが栽培されてきた。

　最後に、盆地は渓谷が局地的に開けた土地であり、灌漑稲作が営まれる。歴史的にみて、生産・交易・政治などの拠点が形成された場所と言える。

　この他、大陸山地区はチャの原産地の雲南省や貴州省に隣接し、古くからその栽培が行われてきた。緑茶の飲用に加えて、高地に暮らす少数民族では発酵させた漬物の「噛み茶」の食用もみられる。20世紀にはヨーロッパの紅茶需要に応じて大規模なチャ園も形成された。

2）平原区

　平原区は全体としてみれば、水が得にくい地域である。すなわち、山間盆地やデルタのような広い低平地が乏しく、また大陸山地部と違って河川の集水域が限られ、雨季にはモンスーンが山地に遮られて降雨が少量かつ不規則である。そのため、地域の農業は天水に依存した不安定なものが中心となっている。ラオス南部やタイ東北部の天水田では、開墾時に疎林を伐採しきらずに水田内に残し、漁労・採取、樹木利用に役立てる「産米林」がみられる。

　水不足に対して、この地域ではしばしばため池が築かれてきた。カンボジアのクメール朝やミャンマーのパガン朝の街をはじめ、都市に巨大な池や環濠を持つものが認められる。そうした都市の近郊などでは、貯水を利用した灌漑稲作が営まれてきた。

3）デルタ区

　東南アジアの4大デルタは、ハノイ周辺の紅河デルタ、ホーチミンの西から南に広がるメコンデルタ、バンコク周辺のチャオプラヤデルタ、ヤンゴン周辺のエーヤワディーデルタである。後述するように、デルタ区は19世紀以降の水利開発を背景に広大な水田地帯が形成され、現在では世界有数の米の生産地・輸出元となっている。

　これらの地域で栽培される米として、浮稲が有名である（他の大陸部は主

にモチ種）。沿岸部は潮汐の影響を受けて湛水が浅くなるのに対し、内陸部のデルタでは雨季に水深が3〜5mに及ぶ。浮稲は湛水の水位上昇に応じて背丈が伸びる特性があるため、雨季でも先端部が完全に水没することが避けられる。無肥料・直播きで栽培されるが、生産性は低く、食味も劣るため、近年では栽培面積が減少傾向にある。

（2）島嶼部

島嶼部には、火山島と非火山島から成る幾万もの島々が点在する。ジャワ火山弧区からウォーレシア区は、沿海のジャワ海溝やフィリピン海溝が狭まるプレート境界にあたることから、2,000m級、3,000m級の急峻な火山が弧状・列状に分布する。この内側にボルネオ島やマレー半島などの、地塊が安定した非火山地域がある。

モンスーンの影響で降水パターンに季節性はあるが、赤道付近の地域は年間を通じて雨が多いAf気候区に属す。また、島嶼部は低緯度の太平洋西端に位置することから、エルニーニョ・ラニーニャ現象の影響が大きい。エルニーニョ現象が生じると高温・少雨となり、農業生産は減少する傾向がある。

1）多雨林多島海区

スマトラ島の東海岸、ボルネオ島の沿岸部、マレー半島の西海岸には広大な泥炭湿地が広がる。これは作物の生育が困難な強い酸性土壌であり、農地化に大規模な排水機構を必要とするため、長らく農業開発が困難な地域であった。地域の多くを占める熱帯多雨林は熱帯病の巣窟で、人々はこれを避けて沿岸部や海上に居住し、森林物産を船で運んで生活の糧としてきた。

現在ではプランテーション農業が発達しており、スマトラ島では植民地支配下の19世紀後半以降、タバコ・ゴム・チャなどの栽培が盛んに行われてきた。過疎地であった同島には、プランテーションの労働力として人口稠密なジャワ島の人々や中国人が多数導入された。マレー半島では、19世紀末に導入されたゴムの栽培が、欧米の自動車需要を背景にして急激に拡大した。近

年では、ゴムの木が更新時期を迎えことを契機に、より価格が堅調なアブラ
ヤシへの改植、あるいはその新規定植が進展し、ゴムとアブラヤシの栽培面
積は逆転している。他方、ボルネオ島は戦後まで大規模な農業開発は行われ
ず、農業は陸稲などの焼畑に限られたが、今日ではアブラヤシのプランテー
ションの開園が進んでいる。

2）ジャワ火山弧区

　高峰の火山が連なるジャワ島は、山腹から麓にかけて豊かな湧水帯があり、
かつ島全体が肥沃な火山灰の土壌で覆われることから、水田稲作などの農業
に理想的な環境となっている。平野が少ない地形であるため、山腹の土地も
棚田などに利用され、家の周囲にも屋敷林を形成して多種の作物や家畜が育
てられてきた。特に島の中・東部では灌漑稲作が発達し、三期作や三毛作も
みられる。こうした集約的稲作とともにプランテーション農業が盛んに営ま
れ、植民地支配下で権力的に導入されたコーヒーは現在も主要な作物である。
　ジャワ島は農業生産力の高さを背景に、かねてから人口が比較的多い地域
であったが、19世紀の植民地支配下の人口急増により、島嶼部では稀有な人
口稠密地となった。一方、スマトラ島は風土病のまん延しやすい環境にあり、
プランテーションの開園前に高度に利用されていたのは、ジャワ火山弧区に
属す標高の高い地域のみであった。

3）ウォーレシア区

　ウォーレシア区は生物相の遷移地帯と考えられる。生物学者ウォーレス は
ボルネオ島以西とスラウェシ島以東で動物相が大きく違うことを発見し、後
にその境界は生物相一般の境界としてウォーレス線と呼ばれるようになった。
　地域の北部に位置するフィリピン諸島は火山島であり、概ね土地はジャワ
区と似て肥沃であるが、同区と違い台風による農業被害が頻発する。1960年
代からのアジアにおける稲作の近代化を先導してきた地域で、農業は稲作を
中心とし、ココヤシも広く栽培されてきた。山地では焼畑による陸稲やトウ

モロコシが栽培され、ルソン島北部の山岳地帯では棚田の水稲作も行われている。また、地域農業の中でプランテーション農業の比重が高く、植民地支配時代からタバコ・サトウキビ・マニラ麻などが栽培されてきた。現在はミンダナオ島を中心に、バナナ・パイナップルの生産・輸出が盛んである。

地域の南部では、スラウェシ島とニューギニア島の間にマルク諸島が分布する。島々はチョウジやナツメグなどを特産とする「香料諸島」として知られ、16 〜 17世紀には西欧勢がこの地の香料貿易の支配をめぐって争った。

4）イリアンジャヤ区

イリアンジャヤ区はオセアニアに続く地域であり、生物相や社会が東南アジアの他地域と大きく異なる。低地部はマラリアの汚染が著しい、人口稀薄な地帯である。ここで人々は土地生産性が低いサゴヤシに強く依存し、年間を通して採取できるサゴデンプンを主食とする。標高約500m以上の土地ではタロイモとヤムイモの焼畑農業が行われており、約1,000m以上の高地はサツマイモが集約的に栽培されて人口密度が地域内で最も高い。総じて、イリアンジャヤ区は焼畑を含めて稲作が行われず、根菜農耕の強い性格を持つ地域と言える。

3．東南アジアにおける農業生態の歴史的展開

東南アジアは、外部世界から大きな影響を受けながら地域を形成してきた。インド文明と中国文明の中継的な交易関係を通じて地域が現れ出し、文化・社会・政治の面でも両文明から大きな影響を受けてきた。16世紀以降の植民地支配下では欧米諸国の収奪の対象として地域開発が進み、その様々な負の遺産は独立後も地域のあり方を条件付けた。冷戦下ではソ連とアメリカの介入を受けて、これがインドシナ戦争を激化させたり、各国の開発独裁の背景となったりした。以上のような外部世界との関わりの中で、東南アジアの農業生態は歴史的にどう展開してきたのであろうか。この点について、本節では主に政治・経済・社会との関係で捉えてゆきたい。

（1）前近代の農耕文化

　東南アジアは他のいずれの地域よりも多様な植物が栽培化され（リード
(2021)）、世界で最も早くに農耕が生じた地域にも数えられる（サウアー
(1960)）。栽培化は栽培品種化とも言い、辞書的な意味では「人間の管理の
下で野生の植物の保護・交配・品種改良を行い、栽培品種とすること」（『デ
ジタル大辞泉』）を指す。一見「自然」のようにみえる地域の作物も、人間
が自身の色々なニーズに合うように選別や改良を行ってきたのである。ただ
し、現在では一方的に「人々が野生植物から栽培植物を作り出した、という
人間中心の理解」（小坂（2022））ではなく、人間と植物は互いに影響し構成
し合い「共進化」（河野（2022））してきたという考えが広まりつつある。な
お、栽培化は自然の馴致を表す 'domestication' の訳語であり、動物に対し
て用いる場合は家畜化と訳される。

　東南アジアの熱帯雨林帯は、栽培化の過程で根栽農耕文化が発生した地と
して知られる。この文化は、植物学者の中尾佐助（1966）が世界の農耕の起
源と広まりを論じる中で示した 4 大農耕文化基本複合の一つであり、様々な
作物・農法と合わさりながら、東南アジア島嶼部、さらに西アフリカから南
太平洋諸島まで広範囲に伝播し、日本にも部分的に到達したという。その農
耕の特徴は、主食のタロイモやヤムイモ、料理用バナナ、サトウキビといっ
た栄養繁殖作物を栽培する点にあり、石斧や掘棒などの簡単な農具を用いた
焼畑農業が基本となる。「稲作以前」（佐々木（1971））あるいは雑穀農耕が
伝わる以前の東南アジアでは、狩猟・採集・漁労といった遥かな歴史を持つ
生業に加えて、こうした農耕が食料獲得の主な手段として採用されていた。

　米は現在の東南アジアの多くの地域で主食となっている。稲作は中国南部
から伝播し、紀元前 2 千年紀から 1 千年紀には焼畑耕作や谷間の湿地などで
の水田耕作が、島嶼部東端を除く各地に広まった。その後、隣接するインド、
中国の両文明からより発達した耕作技術がもたらされ、新しい品種・耕作技
術・農具が東南アジアの多くの地域で普及した。稲作は13世紀までに一部の
地域で灌漑に基づいて集約的に営まれるようになり、そうした中で農業生産

力を基盤とした都市・国家が台頭した。それらは米の余剰を用い、河川沿いや沿岸に発達した「港市」を介した交易で中国やインド、ヨーロッパ世界と結びついた。ただし、そうした都市・国家は主に平地の一部に点在したに過ぎない。東南アジアでは人口に対して土地が豊富であり、19世紀まで農業人口の大半は、森林を切り開いて移動を繰り返す焼畑農業で陸稲・雑穀・イモ類などを栽培し、20世紀に入ってもこうした農業が定住灌漑稲作よりも広く行われた。一家族が投入する労働力の点から考えると、人口過疎な環境下において移動焼畑農業は丘陵地で最も効率的な方法であったという（リード（2021））。

（2）植民地支配下の商品作物生産

　欧米で機械制大工業が確立した19世紀には、世界的分業に向けて植民地の面的支配が始まり、その下で輸出向けあるいは植民地都市向けの商品作物の生産が浸透してゆく。当初の商品作物生産は地域農業の中で限られた部門であり、一部の例を除いて自給的農業は維持された。例えば、1830年にオランダ支配下のジャワ島で実施された強制栽培制度は、サトウキビ・コーヒー・藍などの商品作物を耕地の約1/5に作付けさせて、植民地政庁が低い公定価格で買い取るものであり、住民に対して村への定住の強制と村長を介した過酷な収奪が行われた。しかし、こうした中でも地域の自給的農業自体は、「農業インヴォリューション」（ギアーツ（2001））と呼ばれた灌漑稲作の労働集約性のさらなる強化と「貧困の共有」を通じて維持された。

　19世紀後半に欧米で重化学工業への転換（第2次産業革命）が生じると、資源・市場・労働力を求めて列強による植民地支配の領域が内陸まで大きく拡大し（植民地分割）、植民地は第1次産業（食料・原料生産）、宗主国は工業という古典的国際分業が成立した。こうした中で、東南アジアでは人口が比較的希薄であった島嶼部を中心に、欧米資本などによるプランテーションの開発が進んだ。プランテーション農業は商品作物を大規模に単一栽培する点に特徴があり、東南アジアではコーヒー・茶・サトウキビ・タバコ・アブ

ラヤシ・ゴムなどが栽培された。その労働力は、人口稠密なジャワ島では植民地支配の機構であった村を通じて、プランテーション向けに土地を貸し出した村民が調達され、過疎地域のスマトラ島では中国人の苦力（クーリー）やジャワ人、マレー半島ではインド人の債務移民が導入された。プランテーションはかつての日本の炭鉱のように、労働者の全生活領域を支配するような特有の秩序を持った社会を地域の中に形成した（ストーラー（2007））。

　一方、農民も綿をはじめとする日用必需品の購入などを通じて貨幣経済に巻き込まれてゆく中で、現金収入の必要に迫られてプランテーション作物を導入し生産を拡大させた。東南アジア農業の特徴の一つとして、農民がプランテーションと同じ商品作物を小規模に栽培し、この部門が生産量の重要な割合を占めてきた点が指摘できる。これは現在の商品作物生産にも当てはまる特徴である。また、従来、米は主に農民によって自給的に生産されてきたが、プランテーションの労働者や植民地都市の住民などの食糧需要が高まる中で、販売向けに大量に生産されるようになった。特に大陸部のエヤーワディーデルタ・メコンデルタ・チャオプラヤデルタでは、植民地政府などによって運河や水路、堤防が築かれ、湛水する雨季にも居住可能になったことで、農民による耕地の開拓が進み、広大な水田地帯が形成された。

　以上の過程で、定住が促進されるとともに、農民層分解と地主−小作関係（しばしばパトロン−クライアント関係）が進行した。プランテーション経営者による土地収奪、西欧流の土地登記の強制、商品作物の価格下落などを背景に、土地を喪失して窮乏化する者が増加し、一方で大土地所有者や、土地を集積して地主・富農へ上昇する者が現れたのである。また、古典的国際分業が確立するに従って、少数の輸出向け一次産品に特化したモノカルチャー経済が構造化され、工業製品を輸出する宗主国との不利な取引を強いられるようになった。こうした植民地支配期に形成された関係や構造は、独立後も長らく温存される。他方、植民地支配期には、プランテーション農業を通じて上記の多様な作物が地域外から導入され、新大陸起源のトウモロコシ・インゲンマメ・トウガラシ・キャッサバなどももたらされた。これらは

現在の東南アジアで広く栽培されている作物である。

（3）独立後の農業の近代化・商業化

　タイを除き植民地支配を受けた東南アジアでは、第2次世界大戦後に植民地の分割線に沿って各国が独立してゆく。独立後の農業・農村は、植民地支配期に形成された土地問題を抱え、土地なし農民の堆積や地主−小作関係の広範な展開がみられた。これに対して、各国では農地改革が法制化されたが、政治権力を握る地主層の抵抗、財政資金の乏しさなどの要因により十分に進展しなかった。ただし、北ベトナムでは地主の土地の接収・再配分に基づいて農業の集団化が進んだ。また、マレーシアやインドネシアでは土地の再配分よりも、人口稠密地の土地なし農民を未開発地域に入植させる政策がとられた。

　1960年代にはアメリカの反共主義政策の下、途上国の農業近代化と食糧増産に向けて、フィリピンの国際稲研究所（IRRI）で稲の高収量品種が開発された。新しい品種は農薬・肥料を十分に与え、農地の水の管理を入念にすることで、在来品種を大きく上回る収量が得られた。また生育期間が短く、かつ太陽光の強さに左右されずに成長するため、雨季にも生産できて2期作や3期作が可能であった。このような、途上国における穀物の生産性を飛躍的に向上させた農業技術の革新は「緑の革命」と呼ばれる。

　この革新に基づいて、各国は国際的な支援を受けながら、政府主導で高収量品種・灌漑施設・農薬・化学肥料などの導入と栽培技術の指導を図り、これによって1970年代に稲の在来品種から新品種への転換が急速に進んだ。この結果、稲作は土地生産性・労働生産性・生産量ともに飛躍的に増大し、自給率の増加や国内自給の達成に大きく寄与した。また労働集約性が増したことから、農業労働という形で農村に賃金労働の機会も創出された。しかし一方で、その生産は多額の資金が必要なため、下層の農民では十分な生産性が得られなかった。また山地部では灌漑施設の整備が叶わず、新技術の導入の対象外となった。こうして、「緑の革命」によって階層間や地域間で稲作の

生産性に差が生じ、それらの間で以前からあった経済的な格差が拡大した。さらに、稲作の商業化と貨幣経済の浸透がいっそう進む中で、家計崩壊や土地喪失を被る農民が増加した。これにより、生活手段が乏しい農村を離れ、労働者として少額でも現金を獲得できる可能性を期待して、首都などの都市へ向かう向都離村が活発になった。

　プランテーション農業に関しては、独立後に欧州資本が撤退して以降、開発主義体制の下で国営化・公営化が進められてゆき、特に島嶼部では重要な輸出部門となった。ボルネオ島とスマトラ島では、上述のマレーシアやインドネシアの入植政策によって、入植者らの小農園から成る大農園や、中心となる企業の大農園と周囲の入植者らの小農園で構成された大農園が多数形成された（永田（2019））。他方、アグリビジネスによるプランテーションの開園も盛んに行われた。例えば、フィリピン南部のミンダナオ島では、1960年代半ばから独裁政権とIMF・世界銀行の支援の下、多国籍企業によって日本向けにバナナのプランテーションが形成された。そうしたアグリビジネスが経営するプランテーションは、しばしば地域の経済・社会・環境へ多大な負荷を与えるものであり、各国の市民団体や研究者などが連帯意識を持って告発と働きかけを行ってきた。

（4）「ポスト緑の革命」時代の新展開

　東南アジア諸国は1980年代に経済が停滞する中で、IMF・世界銀行の構造調整プログラムを受け入れた。各国はその際に課せられた財政規律に向けて、市場開放・規制緩和・民営化といった経済の構造改革による収入増大と、政府事業の縮小・削減による支出削減を図ってゆく。こうして経済の自由化・民主化が進められる中で、従来の政府主導の開発主義体制は、グローバル資本の展開を重視するポスト開発主義体制へと移行した。農業分野では、以上の潮流とともにGATTウルグアイラウンド農業交渉やWTOへの加盟を背景に、農家への政府の補助金が削減され、生産価格支持や輸入制限といった保護主義政策も後退した。新自由主義的な「選択と集中」の政策方針に沿って、

対外競争力や収益性の低い農産物に対する支援は削減され、輸出向けなどの高付加価値な商品作物を対象とした振興策がとられるようになってきた。今日では途上国などで台頭する新中間層・富裕層向けに、生鮮野菜・果実などの新しい商品作物の生産・輸出が拡大しており、民間主導での取組が盛んである。こうした傾向は、社会主義計画経済から市場経済への移行を進めるベトナム・ラオス・カンボジアでも認められる。これらの移行国では、かつて農業の集団化が図られたが、近年では個別経営が重視されるようになり、高付加価値な商品作物への農業生産の多角化が進展している。

　加えて、2007-8年の食料危機に現れるように、今日、世界の食料市場は不安定性を増している。この背景には、食料関連の市場がますます金融化し、同時に食料・エネルギー・気候・金融などの複合的危機が生じていることがある。これに対応した資本の戦略の一つとして、「多用途作物」（flex crops）の生産や取引が挙げられる。この作物はアブラヤシ・サトウキビ・トウモロコシ・大豆などが該当し、食用・飼料用・燃料用など複数の用途を柔軟かつ容易に転換しうる。同じ作物でも異なる市場で販売でき、価格変動のリスクの緩和が可能となるのである。東南アジアでは、特にアブラヤシの生産がマレーシアとインドネシアで拡大している。そのプランテーションの開園に際して、森林の大規模伐開などの環境破壊や、農民や先住民からの土地収奪がしばしば問題となっている。

　今日の東南アジアは、国家主導で農業開発が行われた「緑の革命」時代に対して「ポスト緑の革命」時代にあるという（北原（2000））。この時代には、農外部門がGDPの大きな割合を占めるようになる中で、離農や兼業化が進行する。例えば、フィリピンでは若年層を中心に、農村から首都や海外への出稼ぎが盛んであり、そうした移民の送金が農村や農村世帯を支える「送金経済」が認められる。東南アジアの農業・農村の課題であった農地改革がたとえ実施できたとしても、その受益世帯が農業に留まるとは限らない時代になったのである。このような「脱農業化」（de-agrarianization）の動きがある一方で、「ポスト緑の革命」時代には一部の農家によって販売目的の商業

的農業がいっそう展開するという。そうした農業と関連するであろう点として、清水（2019）は中所得国で成長する新しい農業経営体の共通の特徴に、戦略面での①経営規模の拡大と②高付加価値農産物の生産、構造面での③家族経営による外部資源の活用と④中間組織の利用、機能面での⑤生産以外の経営管理機能の重視を挙げている。今後、このような新しい経営体のあり様について実態の解明を進め、批判的に検討してゆく必要がある。また、コロナ禍を経て、とりわけ都市部で需要が拡大している有機産品をめぐる動静も見逃せない。そこでは多投入のモノカルチャーに基づいて営まれてきた商業的農業が、消費者の健康や地域の生態系などに負の影響を及ぼしてきたことに目が向けられており、農民や大手アグリビジネスが有機農業に参入しているのである（例えば、中西（2023）参照）。

【推薦図書】
井上真編（2017）『東南アジア地域研究入門　1　環境』慶應義塾大学出版会
鶴見良行（1995）『東南アジアを知る―私の方法―』岩波書店
原洋之介（1999）『エリア・エコノミックス―アジア経済のトポロジー―』NTT出　版

　　　　　　　　　　　　　　　　　　　　　　　　　　　　（中窪啓介）

第 13 章

アジアの経済成長と国内の地域間格差

　第 2 次世界大戦後、植民地から独立したアジアの国々は、様々な国家戦略の下で経済成長を遂げてきた。経済成長の核となった産業は重化学工業であったが、都市・農村のコミュニティに暮らす人々は経済成長の恩恵を等しく享受したのであろうか。

　本章では、経済成長と地域間格差に関する議論を紹介したうえで、人口や工業の分布という点から韓国、インド、中国の実例を考察する。地域間格差を代表する現象には貧困や飢餓、都市の過密と農村の過疎というものもあるが、本章では国民の就業機会の拡大に結び付く工業の立地の集中と分散から格差をとらえる。

Keywords：アジア／経済成長／工業立地／地域間格差／逆U字仮説／グローバリゼーション

1．アジアの経済成長と地域間格差に関する議論

（1）アジアの経済成長に関する議論

　第 2 次世界大戦後のアジア諸国の工業化は、国内および欧米先進国の市場の需要にけん引されて進んできた。アジア諸国の重化学工業化のプロセスを俯瞰すると、日本の次にアジアNIEsが続き、その次にASEAN諸国が工業化を進め、中国、インドなどがそれに続く「雁行型発展」モデルが描ける。後発国では、まず投資額が小さく、労働集約的な軽工業品（繊維・衣料・日用雑貨等）の国産化の実現（輸入代替）を行い、余剰分を輸出して外貨を獲得し、重化学工業化に必要な設備・技術の輸入を進め、さらに国産化を進める重層的追跡過程があったという[1]。

　しかし、1980年代以降、アジアの経済成長には変化が見られた。1985年のプラザ合意以降、日本をはじめとするアジアの企業も欧米の多国籍企業の後

を追って、賃金の安い途上国に直接投資を行い、工場を建てて、自社の生産
システムを海外に延伸させるようになった。これが新国際分業と呼ばれる動
きである。さらに、電機・電子・IT部門の新たな発展の中で、部品・部材
生産を自社で生産するのではなく、海外の他社からも調達する水平分業型生
産方式が拡大し、企業活動のグローバル化を後押しした。

　他方、各国の経済成長については、収束性モデルが提起されている[2]。こ
れは、1990年代以降に貧しい経済の経済成長率が豊かな経済の経済成長率を
上回って豊かになっていく状況が見られるという見解である。例えば、日本
の1955年から1970年までの高度経済成長期のGDP成長率は年平均10％以上
であった。続いて韓国が1970年代から1990年代にかけて急成長した。中国の
経済成長が本格化したのは1990年代からである。それまでは国民1人当たり
GDPはベトナムとほぼ同等であったが、1990年代に「世界の工場」と呼ばれ、
2000年代には国内の購買力が拡大し「世界の市場」と呼ばれるまでに成長し、
1人当たりGDPはベトナムやタイより多くなった。インドの1人当たり
GDPは低いが、1990年代にGDP成長率の日韓の成長率が5％未満に低迷し
ている時に5％を超えるようになった[3]。このように後発国が蛙飛びのよう
に他を追い抜いて成長し、1人当たりGDPが収斂していく動きは1985年の
プラザ合意以降のグローバリゼーションの影響を受けていると思われる。

（3）経済成長と国内の地域間格差に関する議論

　経済成長に伴う国内の地域間格差の発生の原因や推移について、次のよう
な議論がある[4]。まず国内の所得格差については、クズネッツの逆U字仮説
が有名であり、この仮説については否定的なものを含め様々な実証分析が公
表されている。この仮説は、前工業化社会から工業化社会への移行過程にお
いて所得格差が拡大し、その後、安定期を経て経済発展が進むにつれて逆に
所得格差が縮小するというものである（**図13-1**参照）。この理論を発展させ
たものとして、富裕層がさらに豊かになって経済全体が拡大すれば、その恩
恵は、低所得層にまでしずくが滴るように行き渡るとする「トリクルダウン

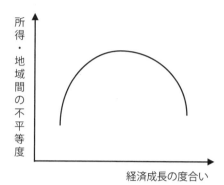

所得・地域間の不平等度

経済成長の度合い

図13-1　逆U字仮説に基づく所得・地域間格差の推移
資料：著者作成

理論」がある。

　本章で取り上げる工業立地に関わる地域間格差の議論としてはウィリアムソンの逆U字仮説がある。これは経済発展の初期段階で地域間格差は拡大し、その後縮小に転じるというものである。

　国内に、一方で資本が豊富で利子率が低く、逆に労働が希少で賃金率の高い都市・工業地帯といった先進地域があり、他方で資本が希少で利子率が高く、労働が豊富で賃金率の低い地方・農村といった後進地域が存在することがこの仮説の出発点である。市場メカニズムが作用すれば、労働と資本が不足している場所に移動するため国内は均等に発展するはずであるが、実際にはそうはならずに地域間格差が発生してしまう。

　地域間格差は分裂効果と浸透効果の作用の程度の違いにより発生するという。分裂効果（または逆流効果）は格差拡大に結び付く要因のことである。例えば、先進地域に労働力が移動する中で優秀な人材が地方から吸い取られてしまうこと、後進地域への投資はリスクが高いため先進地域の資本が引き続き都市に投資されてしまうこと等があげられる。逆に浸透効果（または波及効果）は格差縮小をもたらす要因のことである。例えば、後進地域の過剰な労働力が先進地域に吸収されるため、残った人々の所得が上昇すること、先進地域の産業に必要な商品を後進地域から買い付けることで関連産業が発展すること等あげられる。

２．第２次世界大戦後のアジアの経済成長戦略と国内地域間格差

　ここで取り上げる韓国、インド、中国は重化学工業化を国家計画あるいは

国土開発計画の下で進めてきた。工業にはサプライチェーンの確保等の面で集積の利益があるが、政府の国家計画や国土開発計画による民間企業のための鉄鋼や石油化学のコンビナートのインフラ整備は市場メカニズムの作用を補完するものであった。以下ではこうした政府による工業立地政策が地域間格差にどのように作用したのか考察していく。

（1）韓国の輸出志向型工業化戦略と国土開発

　第2次世界大戦後の韓国はアジアNIEs（Newly Industrialized Economies）の一つであり、輸出志向型工業化戦略（export oriented industrialization）を採用した。

　図13-2は2021年時点の道・市別GDPの分布図である。ここから分かるように、経済活動は首都ソウル、港湾都市仁川そこに接する京畿道を含む首都圏が最も高くなる格差が存在している。

　経済活動の首都圏への集中は、1970年代までの政府主導の輸出志向型工業化の時期に始まり、1980年代以降のグローバリゼーションの時期に引き継がれて形成されてきた。

　表13-1には1960年代以降の経済成長に関わる指標、貿易や海外直接投資といった国際化に関わる指標、都市化、農村人口の分布に関わる指標、そしてソウルを含む首都圏の対全国シェアの10年ごとの平均値を示した。全体としてみると、経済成長の過程で、韓国は外国投資の受入国から投資国に転換し、貿易の規模も拡大してきており、国内

（単位：億ウォン）

図13-2　韓国の地域別（2021年）
資料：Statistics Korea

表 13-1　韓国の経済成長と産業の地域分布の動向

	1人当たりGDP（実質ウォン）	GDP成長率（%）	外国直接投資純流出（億ドル）	貿易額対GDP比率（%）	100万人以上都市人口比率（%）	農村人口比率（%）	ソウル・仁川・京畿道シェア（%）		
							人口	GDP	工業付加価値額
1960-69	149	9.5	−	23.1	25.4	67.6	20.8	−	−
1970-79	334	10.5	−0.5	48.4	37.1	52.4	28.2	−	−
1980-89	680	8.9	−0.9	59.6	46.9	35.7	35.5	45.2	39.3
1990-99	1,436	7.3	−1.2	53.6	51.7	22.7	42.8	47.7	39.7
2000-09	2,353	4.9	7.2	71.2	50.9	19.0	46.2	49.2	36.3
2010-19	3,224	3.3	199.1	87.6	50.1	18.3	48.9	50.3	37.0

資料：1）World Development Indicators, World Bank（https://datatopics.worldbank.org）（2023年10月19日アクセス）

　　　2）ソウル・仁川、京畿道シェアは、人口は韓国人口センサス、国民経済計算は Statistics Korea, Regional Income。

では大都市への人口集中、農村人口比率の低下という社会的変動が伴って起きている。

　10％前後の高成長を遂げた1960年代と1970年代は朴正熙大統領（1963－1979年）と全斗煥大統領（1980－1988年）の政権期で、いわゆる「開発独裁」モデルに該当する強力なリーダーが工業化を主導した[5]。

　韓国の輸出志向型工業化は、ベトナム戦争特需を背景とした労働集約型の繊維・食料品・雑貨部門から始まったが、朴政権期の1970年代には「財閥」系の大手企業を中心とした重化学工業化が進み、電気・電子、輸送用機械部門における輸出が拡大した。政府は経済開発5か年計画や国土総合開発計画を策定し、蔚山、馬山、浦項等の臨海部工業団地、ソウル－仁川間とソウル－釜山間の高速道路、大田を含む東南海岸沿いの工業ベルト地帯等の整備を進めた。

　1980年代以降グローバリゼーションが進む中で、2000年代からは、一部地域への集中を避けるため東岸部（慶尚北道、江原道）と南岸部（慶尚南道、全裸南道）の2つの国土軸を設定し、ロシア、東・東南アジアとの交流を見込んだ「超広域経済圏」構想が推進され、国際ハブ空港、港湾、経済特区が整備された。

　ところが、改めて表13-1をみると産業の分散が提起された1980年代以降にむしろ大都市、首都圏への人口集中やGDPの首都圏のシェア拡大が進ん

でいる。ただ、工業の付加価値額の内訳を個別にみると、伝統的な重化学工業部門である石炭、燃料、化学製品における首都圏の割合は1985‐89年の36％が2015-21年には26％に低下し分散化が進んでいるが、電気・精密機器製造については首都圏が50％を超える状態が継続している。

（2）インドの輸入代替工業化と産業立地

　インドは、輸入代替工業化戦略（import substituting industrialization）を採用して工業化を進めた国として理解されている。

　図13-3は2019年のインドの州別GDPを色分けして示したものである。これを見ると、ムンバイのある西部、首都デリーに近い北部、そして南部が高くなっていることが分かる。こうした地域差は1980年代に始まった経済の自由化によるもので、カースト間、経済階層間、都市・農村間などの社会のさまざまな側面において、「持てる者」と「持たざる者」の間の格差が深刻化しているという。

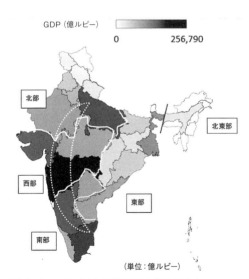

図13-3　インドの州別GDP（2019年）
資料：HANDBOOK OF STATISTICS ON INDIAN STATES

表 13-2　インドの経済成長と産業の地域分布の動向

	1人当たりGDP(実質ルピー)	GDP成長率(%)	外国直接投資純流出(億ドル)	貿易額対GDP比率(%)	100万人以上都市人口比率(%)	農村人口比率(%)	GPD州別シェア（%）				
							北部	西部	南部	東部	北東部
1960-69	17,555	3.9	—	9.7	8.0	81.3	—	—	—	—	—
1970-79	19,904	2.9	0.0	10.8	9.2	78.8	—	—	—	—	—
1980-89	23,927	5.7	0.0	13.8	10.4	75.8	—	—	—	—	—
1990-99	33,113	5.8	−14.1	20.7	11.6	73.5	27.9	28.9	24.9	15.2	3.0
2000-09	50,685	6.3	−79.6	38.4	12.9	70.9	27.5	28.3	26.3	15.0	3.0
2010-19	85,574	6.7	−273.0	46.9	14.6	67.4	27.0	28.3	28.6	13.5	2.6

資料：1）World Development Indicators, World Bank（https://datatopics.worldbank.org）（2023年10月19日アクセス）
　　　2）GPD州別シェアは、HANDBOOK OF STATISTICS ON INDIAN STATES,　Reserve Bank of India（https://www.rbi.org.in）（2023年10月19日アクセス）による。

　長期的なインド経済の動向を示した**表13-2**を見ると、1980年代以降、成長率も５％を超え、１人当たりGDPが増大し、1990年代からは外国投資の受入れ、貿易の拡大が進んだ。しかし、100万人以上の都市人口の全人口に占める割合は10％未満で推移し、農村人口割合も大きな変化が見られず、今のところ全国に及ぶ社会変動を起こすような変化は見られない。

　戦後にイギリスの植民地から独立したインドの工業化は、国民の統合と貧困の解消を目標に掲げて開始された。初代大統領ジャワハルラール・ネルーの強力な指導の下で、重化学工業部門を国営企業が担う混合経済体制が敷かれ、同時に多元的開発目標が設定され小規模工業の保護や地域間の均衡発展にも留意された[6]。

　重化学工業化を進める中で、1950年代には外国の援助を受けて西部と東部に国営製鉄所が整備され、1972年には東部の製鉄所が操業を開始した。1970年代に主要工業品の輸入代替が完了したが、同時に工業の停滞が問題になった。1980年代には貿易収支が悪化し、IMFの融資を受けて「構造調整プログラム」を実施することになった。そして、それまでの国内産業を保護する輸入代替工業化戦略を放棄して、経済自由化の道を選択することを余儀なくされた。外国企業の参入も自由化し、ハイテク、高付加価値、エレクトロニクス、先端工作機械等の「日の出産業」を重視することになった。

　自由化後の製造業の拠点開発も地域的に偏っており、石油産業は輸入元の

湾岸諸国に近い西部が中心になっており、鉄鋼業も大規模製鉄所は東部や南部に立地している。自動車部門では、南部から北部に部品製造と組み立て部門が集積している。このように生産額の多い基幹産業は**図13-3**に三日月形で示した通称"インドのバナナ"と呼ばれる地域に集中している。

（3）中国の対外開放政策と地域間格差

　中国は1978年に市場経済への漸進的な移行と対外開放政策への転換を図って以降、急速な成長を実現した。中国の国土はその経済発展の程度により東部（沿海地域）、中部、西部（内陸部）に３区分される。**図13-4**に示した2021年の省別のGDPの分布図に見るように、東部が最も高く、次いで中部、西部と内陸にかけて低くなっている。中部のうち北に位置する東北も西部並みに低い。図中に示した都市群は、現行の「14次５か年計画（2021 ～ 2025年）」の都市整備計画に示されたもので、北京、上海、広東を国際都市として行政区画を超えて広域的に整備し、地域と28行政区の中心都市を各地の拠点として整備することが目指されている。そして、各都市群を南北、東西につなぐ公共交通を拡張し、各都市群の周辺および沿線の周辺の発展をけん引することが構想されている。

　こうした国家計画は各地の工業開発を支えて**表13-4**に見るような地域間格差を是正するものとして進められたはずであった。1980年代からGDP成長率が10％前後に上昇し、外国企業の直接投資の受入れと貿易の拡大が進んだ。その間、100万人以上の大都市人口の占める割合が増大し、他方で農村人口の割合も低下した。その結果、GDP、第二次産業の付加価値額、輸出額いずれもが東部に集中する地域差が出来上がってしまった。東部の工業化を支えたのが、「農民工」と呼ばれる農村からの低賃金の非正規雇用の「出稼ぎ」労働者であった。農村からの東部への労働供給は、国民の居住・就業の移動を制限した戸籍制度の運用の緩和により徐々に拡大した。1980年代は全国で年間約3,000万人いた「出稼ぎ」労働者が、1990年代になるとその数は約6,000万人に、2000年代には１億2600万人に増大したという[7]。

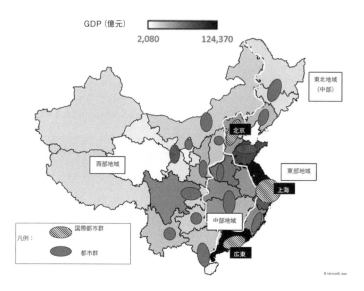

GDP（億元）

2,080　　　124,370

東北地域
（中部）

北京

西部地域

東部地域

上海

中部地域

凡例：　　国際都市群

都市群

広東

© Microsoft, Navi

図13-4　中国の省別GDP（2021年）

資料：中国統計年鑑編集委員会編『中国統計年鑑2022』

表13-3　中国の経済成長と産業の地域分布の動向

	1人当たり GDP（実質、元）	GDP成長率（%）	外国直接投資純流出（億ドル）	貿易額対GDP比率（%）	100万人以上都市人口比率（%）	農村人口比率（%）	GDP 地域別シェア（%）			第二次産業付加価値額地域別シェア（%）			輸出額地域別シェア（%）
							東部	中部	東北	東部	中部	東北	東部
1960-69	1,354	5.0	―	6.4	8.3	82.4	42.4	19.4	15.2	46.8	15.2	20.3	―
1970-79	2,151	6.2	―	8.9	7.9	82.3	92.9	39.4	28.8	27.2	19.9	23.5	―
1980-89	4,277	9.3	−15.3	21.6	9.2	76.7	―	―	―	49.7	17.6	14.1	―
1990-99	9,841	10.5	−294.7	33.6	13.6	68.5	51.6	18.4	10.3	55.0	17.9	11.0	86.6
2000-09	23,524	10.6	−911.1	53.5	20.4	56.8	56.5	18.0	9.3	63.1	19.6	10.1	88.2
2010-19	51,729	6.8	−1,070.2	41.3	26.3	43.9	54.5	19.3	7.6	58.5	21.6	6.8	81.7

資料：1）World Development Indicators, World Bank（https://datatopics.worldbank.org）（2023 年 10 月 19 日アクセス）
　　　2）地域別のシェアのデータは中国統計年鑑編集委員会編『中国統計年鑑』各年版、中国統計出版社
注：第二次産業付加価値額地域別シェアのデータは各時期の期初の年のデータのみを示した。

　1978年以降の対外開放政策の中で、国営企業との合弁方式で外国企業の投資を誘致し、国内企業への技術移転と輸出の拡大が進められた。最初は輸出向け製造拠点の「経済特区」や東部14の「対外開放都市」が設立された[8]。これらの輸出拠点開発は、安価な労働力を武器として工業製品を輸出することを目指す外国企業を誘致するためのものであった。

　1990年代に入ると揚子江流域、雲南省からメコン川、東北の図們江地域といった辺境地域、さらに重要交通幹線沿線といった開放ゾーンが全国に拡大していった。2001年のWTO加盟により外国企業の国内市場への販売が拡大されたことで直接投資の受入れもさらに増大した。工業化が全国的に進む中で成長の遅れた西部地域の開発が課題となり、2000年から「西部大開発」と呼ばれる西部地域への投資促進策を講じ、地元の雇用機会を拡大することが目指されるようになった。

　こうした拠点開発の全国化により、一部の産業では東部集中の是正がなされた。例えば、乗用車生産は、東部が5割を超える状況に違いは無いが、中部と西部が2020年には10％を超えるまでになっている。集積回路（IC）についても国家プロジェクトを通じて西部が25％を占めるまでに成長してきている[9]。

3．グローバリゼーションと地域間格差問題

　これまで韓国、インド、中国を例として、経済成長戦略と産業立地という点から地域間格差と政府の役割について考察してきた[10]。

　アジアでは1980年代以降に対外直接投資の受け入れ拡大により、各国の工業発展のプロセスも軽工業から重化学工業さらに機械・IT部門へと順を追って展開するのではなく、一足飛びに技術水準の高い部門が発展することが見られるようになった。

　重要なのは、地域間格差拡大をもたらす分裂効果を抑制し、後進地域の発展を促す浸透効果の増大があったかということである。韓国や中国においては、農村から都市への労働供給が進んで農村人口割合が低下し、また政府主導で製造業の立地を後進地域に分散する試みが見られたが、人口の大都市集中と経済活動（GDP）の先進地域への集中という状況を打開するまでに至っていない。

　グローバリゼーションの時代においては、国内を先進地域と後進地域の二部門に分け相互の労働や資源、資本のやり取りを前提とする成長と格差の従

来モデルは通用しないのではなかろうか。むしろ直接投資や貿易を通じて海外から新しい技術や産業が導入されるようになっているため、農村人口の吸収を除くと、先進地域の後進地域に対する貢献が薄れて浸透効果が働きにくくなっていることが考えられる。

＊　＊　＊　＊　＊

　本章で扱った工業立地の変遷は都市・農村のコミュニティに暮らす人々の労働と生活を左右するが、グローバリゼーションの時代になって国内の工業立地の不平等性が拡大していることを示している。さらに国際市場に依存した国内の先進地域の成長が永続的ともいえない以上、国内の内発的な成長も重要であるとの指摘もある。政府が国内の低所得地域の所得上昇に向けた支援を進めることは、長期的に見れば先進地域の工業ための国内需要を準備することにもなり、この面での政府の役割がより重要になっていくかもしれない。

【注】
1）以上は渡辺利夫（2010）参照。
2）以下は坂本博（2019）による。
3）The World Bank "World Development Indicators" による。
4）以下は石井優子（2002）を参考にした。
5）以下は新井直樹（2018）および竹歳一紀（2001）を参考にした。
6）以下は小島眞（1990）、湊一樹（2009）および友澤和夫（2018）を参考にした。
7）厳善平（2009）による。
8）以下は滕鑑（2018）による。
9）以上の数値は中国統計年鑑編集委員会編『中国統計年鑑』（各年版，中国統計出版社）による。
10）注4）に同じ。

【推薦図書】
渡辺利夫（2010）『開発経済学入門（第3版）』東洋経済新報社

（菅沼圭輔）

引用・参考文献　一覧

青葉高（2013）『日本野菜文化史事典』八坂書房。

秋吉貴雄，伊藤修一郎，北山俊哉（2020）『公共政策学の基礎　第3版』有斐閣。

天野正子（1996）『「生活者」とはだれか―自律的市民像の系譜』中公新書。

雨森孝悦（2020）『テキストブックNPO―非営利組織の制度・活動・マネジメント（第3版）』東洋経済新報社。

新井直樹（2018）「韓国の国土・地域政策の変化と動向」『地域創造研究』第37号，15-36。

安藤光義，フィリップロウ（2012）『英国農村における新たな知の地平―Centre for Rural Economyの軌跡』農林統計出版。

石井優子（2002）「発展途上国の国内地域間格差の変動に関する一考察」『立教經濟學研究』第56巻1号，255-281。

市田（岩田）知子（1995）「生活改善普及事業に見るジェンダー観―成立期から現在まで」日本村落研究学会編『年報　村落社会研究　第31集』農山漁村文化協会，111-134。

一般社団法人日本協同組合連携機構（JCA）（2023）『協同組合とは』（一社）日本協同組合連携機構。

今村奈良臣（2003）「新たな価値を呼ぶ、農業の6次産業化―動き始めた農業の総合産業化戦略」『地域に活力を生む、農業の6次産業化―パワーアップする農業・農村』財団法人21世紀村づくり塾，1-28。

伊豫谷登士翁（1986）「第三世界における生存維持経済の解体」本山美彦，田口信夫編『南北問題の今日』同文館，291-317。

岩崎保道編著（2014）『非営利法人経営論』大学教育出版。

江頭宏昌（2018）「やめる選択・復活する選択―山形の在来作物をめぐる近年の動きを中心に―」『社会学研究』第102巻，35-63。

及川洋征（2019）「東南アジア大陸部」江原宏，樋口浩和編『熱帯農学概論』培風館，63-69。

岡田知弘（2020）『地域づくり経済学入門―地域内再投資力論（増補改訂版）』自治体研究所。

小田切徳美（2013）「地域づくりと地域サポート人材」『農村計画学会誌』第32巻3号。

小田切徳美（2018）「地域づくりと地方自治体」総務省『地方自治法施行70周年記念自治論文集』495-509。

小田切徳美，橋口卓也（2018）『内発的農村発展論：理論と実践』農林統計出版。

小田切徳美編（2022）『新しい地域をつくる―持続的農村発展論』岩波書店。

風見正三，山口浩平編著（2009）『コミュニティビジネス入門―地域市民の社会的事業』学芸出版社。

加藤秀雄（2022）「ムラ，ノラ，ヤマの暮らしと民俗」中日新聞オンライン（2022年4月9日）chunichi.co.jp/article/564316（最終アクセス日2024年2月11日）

鎌田華乃子（2020）『コミュニティ・オーガナイジング―ほしい未来をみんなで創る5つのステップ』英治出版。

河野智謙（2022）『ヴィジュアルで見る　歴史を進めた植物の姿―植物とヒトの共進化史―』グラフィック社。

観　光　庁HP　https://www.mlit.go.jp/kankocho/shisaku/jinzai/charisma/mr_kakuta.html（最終アクセス日2023年11月28日）。

ギアーツ，C.（2001）『インボリューション―内に向かう発展―』池本幸生訳，NTT出版。

北原淳（2000）「東南アジアの農業と農村」北原淳，西口清勝，藤田和子，米倉昭夫『東南アジアの経済』世界思想社，165-208。

北野収，西川芳昭（2022）『人新世の開発原論・農学原論―内発的発展とアグロエコロジー』農林統計出版。

北山俊哉，稲継裕昭（2021）『テキストブック地方自治　第3版』東洋経済新報社。

国際連合（2023）「世界の食料安全保障と栄養の現状2022（SOFI）」。

国民生活審議会調査部会コミュニティ問題小委員会（1969）「コミュニティ―生活の場における人間性の回復」。

小坂康之（2022）「中尾佐助　1966『栽培植物と農耕の起源』岩波書店（岩波新書）」中西嘉宏，片岡樹編『CSEASブックガイド　初学者のための東南アジア研究』京都大学東南アジア地域研究研究所，2-7。

小島眞（1990）「第7章　独立後インドの産業政策」『アジア諸国の産業政策（経済協力シリーズ　152）』アジア経済研究所，193-235。

小山弘美（2018）『自治と協働からみた現代コミュニティ論―世田谷区まちづくり活動の軌跡』晃洋書房。

斎藤照子（2008）『東南アジアの農村社会』山川出版。

サウアー，S.O.（1960）『農業の起源』竹内常行，斎藤晃吉訳，古今書院。

佐々木高明（1971）『稲作以前』NHK出版。

坂倉杏介，醍醐孝典，石井大一朗（2020）『コミュニティマネジメント―つながりを生み出す場、プロセス、組織』中央経済社。

坂本博（2019）「平成期におけるアジア　12　経済の成長動向」AGI『東アジアへの視点』第30巻12月号，44-56。

櫻井清一（2018）「グローバリゼーションと世界の食料需給」藤田武弘，内藤重之，細野賢治，岸上光克編著『現代の食料・農業・農村を考える』ミネルヴァ書房，2-15。

佐藤将之，馬場義徳，安富啓（2022）『まちづくり仕組み図鑑』日経BP社。

澤野久美（2012）『社会的企業をめざす農村女性たち―地域の担い手としての農村女性起業』。

澤野久美（2015）「農村から衣食住を発信―山形県鶴岡市農家民宿・農家レストラン知憩軒長南光さん―」『農業』1605，49-54。

澤野久美（2016）「競争が激化する直売所における加工品開発―愛媛県喜多郡内子町（株）内子フレッシュパークからり」『農業』1613，64-69。

澤野久美（2018）「幻のカブ「藤沢かぶ」を現代に伝える―山形県鶴岡市後藤勝利氏・清子氏」『農業』1635，59-64。

清水達也（2019）「途上国における新しい農業経営の姿」清水達也編『途上国における農業経営の変革』アジア経済研究所，223-232。

JIRCAS（2017）「バングラデシュにおけるいもち病菌レースの分化とイネ遺伝資源の抵抗性変異」国際農林水産業研究成果情報（https://www.jircas.go.jp/ja/publication/research_results/2017_b13（最終アクセス日2023年12月1日）

ジョン・P・コッター（2002）『企業変革力』日経BP社。

杉谷和哉（2022）『政策にエビデンスは必要なのか―EBPMと政治のあいだ』ミネルヴァ書房。

studio-L「コミュニティデザインとは？」https://studio-l.org/about/（最終アクセス日2023年10月31日）。

ストーラー，A.L.（2007）『プランテーションの社会史―デリ／1870-1979―』中島成久訳，法政大学出版局。

高田昭彦（1998）「現代市民社会における市民運動の変容―ネットワーキングの導入から『市民活動』・NPOへ―」青井和夫他編著『現代市民社会とアイデンティティ』梓出版社，160-185。

高谷好一（1997a）「地帯構造」京都大学東南アジア研究センター編『事典東南アジア―風土・生態・環境―』弘文堂，10-11。

高谷好一（1997b）「海底地形と泥炭湿地」京都大学東南アジア研究センター編『事典東南アジア―風土・生態・環境―』弘文堂，12-13。

高谷好一（1997c）「山と平原」京都大学東南アジア研究センター編『事典東南アジア―風土・生態・環境―』弘文堂，16-17。

竹田晋也（2019）「東南アジア島嶼部」江原宏，樋口浩和編『熱帯農学概論』培風館，57-63。

竹蔵一紀（2001）「韓国の農村開発：外発型政策の回顧と内発的発展への展望」『桃山学院大学総合研究所紀要』第27巻2号，91-104。

立川雅司（2021）「第二章「消費される農村」再論」『日本農村社会の行方』農山漁村文化協会。

田中耕司（1997a）「米」京都大学東南アジア研究センター編『事典東南アジア―

　　風土・生態・環境―』弘文堂，120-121。

田中耕司（1997b）「導入作物」京都大学東南アジア研究センター編『事典東南ア
　　ジア―風土・生態・環境―』弘文堂，134-135。

田中耕司（1997c）「プランテーション」京都大学東南アジア研究センター編『事
　　典東南アジア―風土・生態・環境―』弘文堂，242-243。

多辺田政弘（1990）『コモンズの経済学』学陽書房。

玉野井芳郎（1979）『地域主義の思想』農山漁村文化協会。

地域創生連携交流広場https://www.chihousousei-hiroba.jp/case/jifubuki.html（最
　　終アクセス日　2023年11月28日）。

中国統計年鑑編集委員会編『中国統計年鑑2022』中国統計出版社

中小企業基盤整備機構（2015）『「地域活性化のための面的支援」調査研究報告書』
　　https://www.smrj.go.jp/doc/research_case/H26fymentekireport_H28.pdf
　　（最終アクセス日2023年11月28日）。

鶴見和子（1989）「第2章　内発的発展論の系譜」鶴見和子，川田侃編『内発的発
　　展論』東京大学出版社。

鶴見和子（1990）「1　原型理論としての地域主義」玉野井芳郎著『地域主義から
　　の出発』学陽書房。

鶴見和子（1996）『内発的発展の展開』筑摩書房。

鶴見良行（1982）『バナナと日本人―フィリピン農園と食卓のあいだ―』岩波書店。

帝国書院編集部編（2020）『新詳資料地理の研究』帝国書院。

友澤和夫（2018）「現代インドの経済空間構造に関する一試論―地域間格差と工業
　　立地―」『地理科学』第73巻3号，177-192。

中尾佐助（1966）『栽培植物と農耕の起源』岩波書店。

中川秀一，宮地忠幸，高柳長直（2013）「日本における内発的発展論と農村分野の
　　課題」『農村計画学会誌』第32巻3号。

永田淳嗣（2019）「プランテーション」信田敏雄，綾部真雄，岩井美佐紀，加藤剛，
　　土佐桂子編『東南アジア文化事典』丸善，276-277。

中塚雅也編（2019）『地域づくりの基礎知識3　農業・農村の資源とマネジメント』
　　神戸大学出版会。

中西徹編（2023）『現代国際社会と有機農業』放送大学教育振興会

西川潤（1989）「第1章　内発的発展論の起源と今日的意義」鶴見和子，川田侃編
　　『内発的発展論』東京大学出版会。

西出順郎（2020）『政策はなぜ検証できないのか―政策評価制度の研究』勁草書房。

似田貝香門他（2008）『まちづくりの百科事典』丸善。

日本有機農業研究会「生産者と消費者の提携：「提携」の方法の指針「提携10か条」
　　について　https://www.1971joaa.org/（最終アクセス日2023年12月6日）

沼尾波子他（2023）『新版　地方財政を学ぶ』有斐閣。

農林水産省（2020）『令和2年度食料・農業・農村白書』

農林水産省（2021）『令和3年度食料・農業・農村白書』

農林水産省（2023）『令和4年度食料・農業・農村白書』

平松守彦（1998）「一村一品運動のめざすもの」『日本農村医学会雑誌』第46巻6号，927-937。

広井良典（2019）『人口減少社会のデザイン』東洋経済新報社。

福井県立図書館「諸国産物見立相撲」https://www.library-archives.pref.fukui.lg.jp/bunsho/file/614129.pdf（最終アクセス日2023年12月6日

藤井敦史，原田晃樹，大高研道（2013）『闘う社会的企業―コミュニティ・エンパワーメントの担い手』勁草書房。

文化庁「文化財保護法体系https://www.bunka.go.jp/seisaku/bunkazai/shokai/gaiyo/taikeizu_l.html（最終アクセス日2023年12月6日）

保母武彦（1996）『内発的発展論と日本の農山村』岩波書店。

前田邦彦（1995）「世界経済における農村―統合される第三世界農民―」森田桐郎編『世界経済論―《世界システム》アプローチ―』ミネルヴァ書房，258-281。

まちづくりプラットフォーム研究会編（2022）『まちづくりプラットフォーム―ヒト・カネ・バショのデザイン』萌文社。

湊一樹（2009）「第7章　拡大する地域格差とその政治経済的背景」小田尚也編『インド経済：成長の条件（アジ研選書　16）』アジア経済研究所，205-238。

宮本憲一（1989）『環境経済学』岩波書店。

宮本憲一，横田茂，中村鋼治郎編（1990）『地域経済学』有斐閣ブックス。

宮本憲一（2007）『環境経済学　新版』岩波書店。

森岡一（2005）「薬用植物特許紛争にみる伝統的知識と公利益について」『特許研究』第40巻，36-47。

守友裕一（1991）『内発的発展の道―まちづくり，むらづくりの論理と展望』農山漁村文化協会。

守友裕一（2000）「地域農業の再構成と内発的発展論」『農業経済研究』第72巻2号。

柳澤雅之（2017）「東南アジア大陸部の生態史」井上真編『東南アジア地域研究入門　1　環境』慶應義塾大学出版会，23-43。

山崎義人，清野隆，柏崎梢，野田満（2021）『はじめてのまちづくり学』学芸出版社。

山下茂，後藤春彦，小田切徳美，内海麻利，大杉覚『実践まちづくり読本―自立の心・協働の心掛け』324-334。

横石知二（2007）『そうだ、葉っぱを売ろう！』Softbank creative。

リード，A.（2021）『世界史のなかの東南アジア（上）―歴史を変える交差路―』青山和佳，今村真央，蓮田隆志訳，名古屋大学出版会。

リッグ，J.（1997）「農業」ハゲット，P.編『図説大百科　世界の地理　21―東南アジア―』佐藤哲夫，永田淳嗣訳，朝倉書店，2958-2965。

渡辺利夫（2010）『開発経済学入門（第3版）』東洋経済新報社。

厳善平（2009）『都市から農村へ：1億3000万人の農民大移動』岩波書店。

Joassart-Marcelli, P.（2020）, "*Food Geographies：Social, Political, and Ecological Connections*," San Diego State University.

滕鑑（2018）「中国における開放経済への政策的展開―貿易投資体制改革，全方位・多元的開放を中心として―」『岡山大学経済学会雑誌』第49巻3号，163-183。

HANDBOOK OF STATISTICS ON INDIAN STATES, Reserve Bank of India（https://www.rbi.org.in）（2023年10月19日アクセス）

Pye, O.（2013）, Introduction. In Pye, O. and Bhattacharya, J., "*The Palm Oil Controversy in Southeast Asia：A Transnational Perspective*," ISEAS Publishing, 1-18.

Statistics Korea（https://kosis.kr/statHtml/）（2023年10月19日アクセス）

World Development Indicators, World Bank（https://datatopics.worldbank.org）（2023年10月19日アクセス）

World Fair Trade Organization（2023）Our 10 Fair Trade Principles. https://wfto.com/our-fair-trade-system/our-10-principles-of-fair-trade/（最終アクセス日2023年12月6日）

索引

著者一覧

久保田　裕子（3章担当）
元國學院大學経済学部教授、日本有機農業研究会　副理事長

佐藤　布武（6章担当）
名城大学理工学部建築学科　准教授

澤野　久美（5章担当）
(国研)農業・食品産業技術総合研究機構本部NARO開発戦略センター　上級研究員

菅沼　圭輔（13章担当）
東京農業大学国際食料情報学部食料環境経済学科　教授

高梨子　文恵（9章担当）
東京農業大学国際食料情報学部食料環境経済学科　教授

中窪　啓介（12章担当）
東京農業大学国際食料情報学部食料環境経済学科　助教

林　芙俊（10章担当）
秋田県立大学生物資源科学部アグリビジネス学科　准教授

堀部　篤（7章担当）
東京農業大学国際食料情報学部食料環境経済学科　教授

松本　典子（11章担当）
駒澤大学経済学部現代応用経済学科　教授

諸藤　享子（1章、8章担当）
NPO法人農と人とくらし研究センター　理事

吉野　馨子（1、2、3、4章担当）
東京農業大学国際食料情報学部食料環境経済学科　教授

地域の社会と経済を学ぶ

2024年4月11日　第1版第1刷発行

編著者　吉野 馨子・高梨子 文恵

発行者　鶴見　治彦

発行所　筑波書房
　　　　東京都新宿区神楽坂 2 − 16 − 5
　　　　〒162 − 0825
　　　　電話03（3267）8599
　　　　郵便振替00150 − 3 − 39715
　　　　http：//www.tsukuba-shobo.co.jp

定価はカバーに示してあります

印刷／製本　平河工業社
©2024 Printed in Japan
ISBN978-4-8119-0673-7　C3033